Birgit Hedemann

MOORE in Deutschland

SCHATZKISTEN DER NATUR

Für Enno Hokema und Thomas Hedemann,
ohne deren Tipps und Anregungen dieses Buch
nie so geworden wäre, wie es jetzt ist! *Birgit Hedemann*

Besuchen Sie uns im Internet unter www.biber-butzemann.de
oder auf Facebook unter www.facebook.com/biberundbutzemann.

Bibliografische Information der Deutschen Bibliothek
Die Deutsche Bibliothek verzeichnet diese Publikation in der Deutschen Nationalbibliografie; detaillierte bibliografische Daten sind im Internet unter http://dnb.ddb.de abrufbar.

Geschwister-Scholl-Str. 7
15566 Schöneiche
1. Auflage, 2021

Text: Birgit Hedemann
Fotos: Birgit Hedemann, Wolfgang Willner, (Cover und Vorsatz, S. 11 oben, 12, 23 unten, 24, 27 oben, 29, 33, 36, 37, 39, 40, 41, 42, 43, 44, 45, 106), Susanne Beck (S. 22), Linnea Dorner (S. 116), Niklas Dorner (S. 17), Nicole Dorner (S. 4), Martje Hedemann (S. 6), Anne Lehmann (S. 112), Emsland Moormuseum Fotoarchiv (S. 78 links und S. 79), Stiftung Schleswig-Holsteinische Landesmuseen (S. 98 unten), ErlebnisArchäologie Bayern (S. 83)
Illustrationen: Rebecca Mönch, Claudia Meinicke (S. 18)
Layout und Satz: Mike Hopf, www.orange-idea.de
Lektorat: Steffi Bieber-Geske, Juliane Jacobsen, Janna Gerkens
Lektoratsassistenz: Linn-Kristin Adler, Martina Bieber, Kati Bieber, Anna Klesse, Friederike Rademacher, Sarah Seyboldt, Michelle Stark
Korrektorat: Carola Jürchott
Druck- und Bindearbeiten: Gugler GmbH, Österreich
ISBN: 978-3-95916-065-0

Inhaltsverzeichnis

1. Das Moor – was ist das eigentlich?

WAS SIND MOORE?

Wer hat schon einmal eine Luftmatratze mit ins Wasser genommen und versucht, darauf zu krabbeln oder zu laufen? Ganz schön wabbelig, oder? Genauso fühlt es sich an, wenn man auf Moorboden tritt.

Moore sind Gebiete, die immer feucht sind. Ihr Untergrund hat sich wie ein Schwamm mit Wasser vollgesogen. Moore sind weder festes Land noch Wasser, sondern irgendetwas dazwischen. Der Moorboden besteht nicht aus normaler Erde, sondern aus Pflanzenresten.

Pietzmoor in der Lüneburger Heide

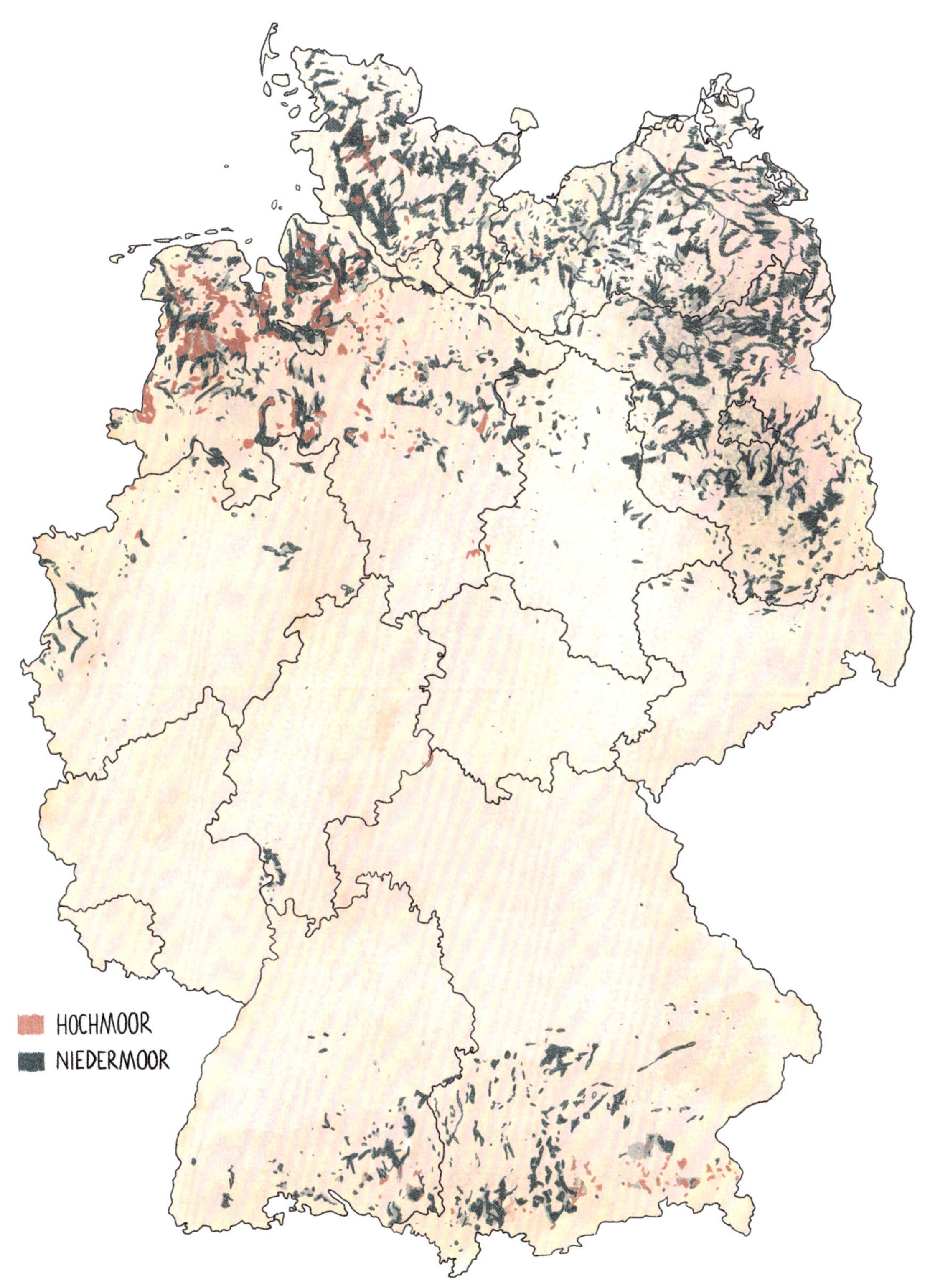
HOCHMOOR
NIEDERMOOR

WO GIBT ES MOORE?

Überall auf der Erde, wo es viel Wasser gibt und wo es kühl und feucht ist, können Moore entstehen.

Das Eppendorfer Moor in Hamburg ist das größte innerstädtische Moor Europas.

Das größte Moor der Welt liegt in Sibirien. Es ist das Wassjugan-Moor und hat eine Größe von mehr als 60.000 Quadratkilometern. Das heißt, die deutsche Hauptstadt Berlin passt mehr als 67 Mal in dieses Riesenmoor.

Einzigartig auf der Welt:

Am Jadebusen in Niedersachsen gibt es das einzige Außendeichsmoor der Welt. Es ist bekannt als das Schwimmende Moor von Sehestedt. Da, wo heute der Jadebusen ist, war vor etwa 1.000 Jahren ein riesiges Moor. Im 18. Jahrhundert hat man quer durch dieses Moor einen Deich gebaut. Der Deich durchtrennt nun das Moor. Wenn es eine Sturmflut gibt und der Wasserstand besonders hoch ist, beginnt das Moor auf der Meeresseite zu schwimmen. Leider brechen dabei immer wieder Stücke vom Moor ab, sodass die Moor-Insel immer kleiner wird.

Sehestedter Außendeichsmoor

Extraportion Wissen für Profis: Fenn und Fehn sind keine Feen

Mit dem altgermanischen Wort Moor werden feuchte, nasse Landstriche bezeichnet. Aber es gibt auch noch andere Ausdrücke. So heißen zum Beispiel in der Eifel Moorgebiete Fenn, in Ostfriesland Fehn und im Osten Deutschlands Bruch.

Schon gewusst?

Am 2. Februar ist der Welttag der Feuchtgebiete. Dieser Tag soll daran erinnern, wie wichtig die Feuchtgebiete als Rast- und Überwinterungsplatz für Wasser- und Watvögel und als Grundwasserfilter und Überschwemmungsschutz sind. Aber auch beim Klimaschutz spielen die Feuchtgebiete eine wichtige Bedeutung: Sie speichern große Mengen Kohlendioxid und tragen damit zur Reduzierung des Treibhauseffekts bei.

2. Wie und wann sind die Moore entstanden?

Die Moore sind nach der letzten Eiszeit vor ungefähr 12.000 Jahren entstanden. Damals waren große Teile der Erde mit Eis bedeckt. Als es wieder wärmer wurde, schmolz das Eis. Außerdem regnete es sehr viel.
An einigen Stellen konnte das Wasser nicht versickern und sammelte sich dort, zum Beispiel an Stellen, an denen es eine Lehmschicht im Boden gab. Hier entstanden Seen, aus denen sich dann die ersten Moore entwickelten.

WIE ENTSTEHT EIN NIEDERMOOR?

An den Ufern dieser Seen beginnen Pflanzen zu wachsen. Sterben diese Pflanzen irgendwann ab, fallen ihre Überreste in den See. Unter Wasser können die Pflanzen aber kaum verrotten. Ihre Reste lagern sich am Boden des Sees ab und faulen.

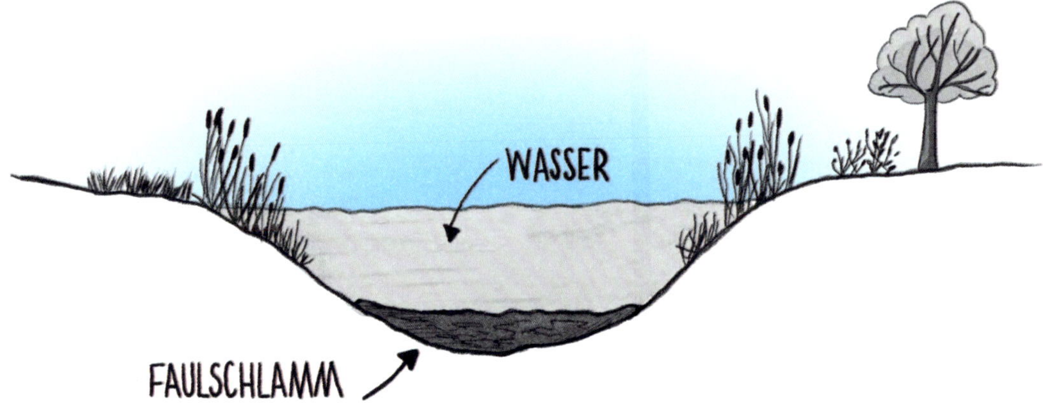

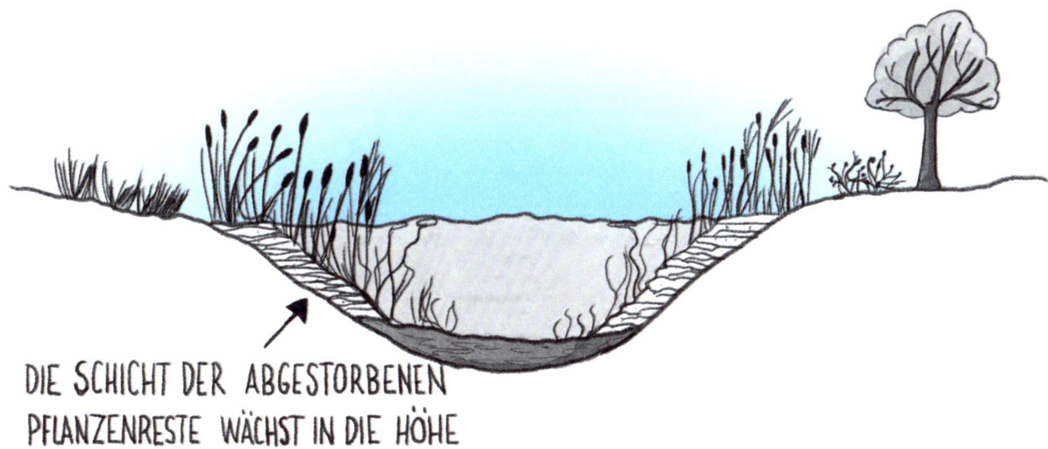

Mit der Zeit wird die Schicht am Boden immer höher und höher und der See immer flacher. Pflanzen wachsen vom Ufer in den See hinein, und der See wächst langsam zu. Man sagt dazu, der See verlandet. Die Wasserfläche wird dabei immer kleiner.

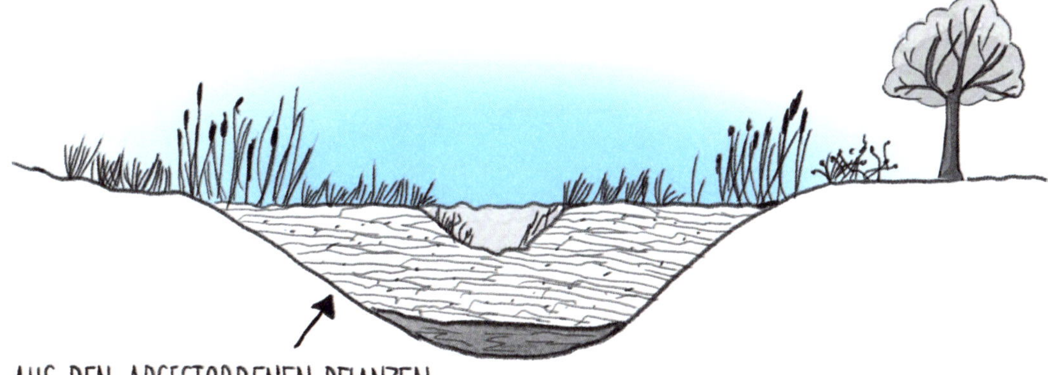

Nach vielen, vielen Jahren ist der See fast ganz zugewachsen. Nur eine kleine Wasserstelle gibt es noch. Aus dem See ist ein Niedermoor geworden. Je nach Standort bilden sich hier Pflanzengesellschaften, zum Beispiel aus Binsen, Schilf und Rohrkolben oder sogar aus Bäumen wie Erlen, Birken und Weiden. Das, was die Pflanzen zum Wachsen brauchen, bekommen sie noch aus dem Grundwasser.

WIE WIRD AUS DEM NIEDERMOOR EIN HOCHMOOR?

Das Hochmoor trägt diesen Namen, weil es immer mehr in die Höhe wächst. Das geschieht so: Auf dem Niedermoor siedeln sich erste Torfmoose an und beginnen zu wachsen.

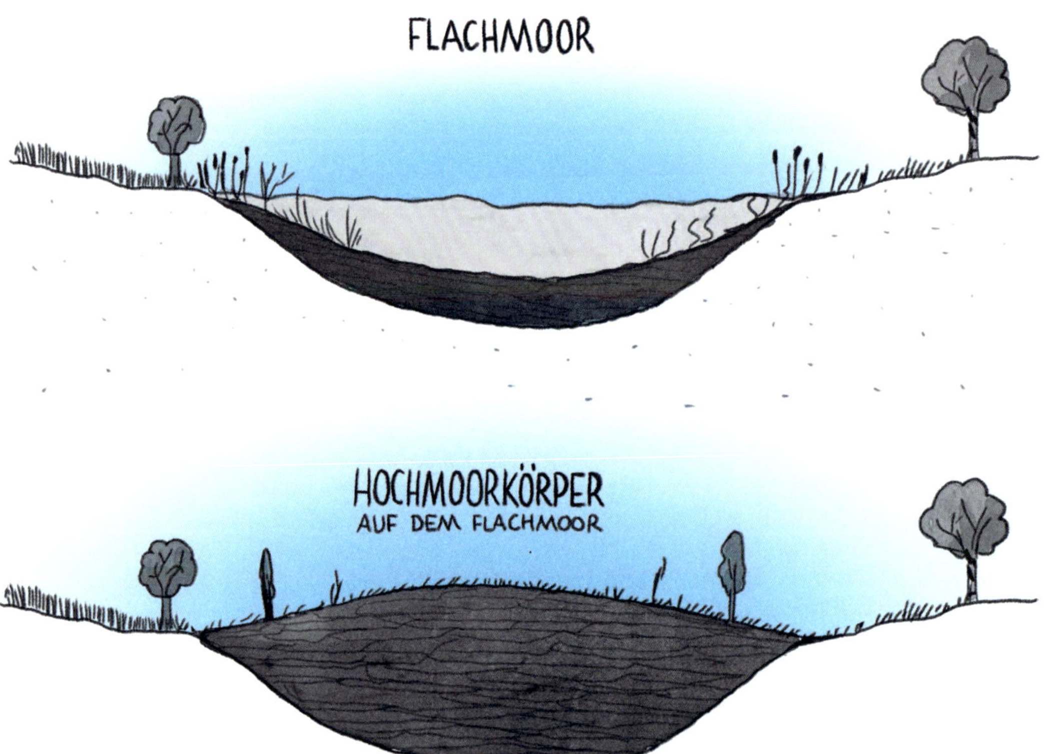

Jedes Jahr stirbt die untere Schicht dieser Moose ab. Oben aber wächst das Torfmoos weiter. Über Tausende von Jahren entsteht so eine immer dickere Schicht aus abgestorbenen Pflanzen. Die Schicht ist schließlich so dick, dass die Wurzeln der Pflanzen nicht mehr bis an das Grundwasser reichen. Jetzt sind die Pflanzen, die dort wachsen, allein auf das Regenwasser angewiesen. Hochmoore können also nur in Gegenden entstehen, in denen es regelmäßig regnet, sodass das Gebiet nie ganz trocken wird.

Das Regenwasser enthält aber nur sehr wenige Nährstoffe. Deswegen können dort nur Pflanzen wachsen, die sich an die Umweltbedingungen angepasst haben. Die Oberfläche des Hochmoores ist von einer dichten Pflanzendecke aus verschiedenen Torfmoosen bedeckt.

Hochmoor

Bulten im Aschendorfer Moor

Auf Bulten, so nennt man die kleinen Hügelchen, die aus dem Moor herausragen, wachsen kleinere Sträucher wie Heide, Wollgräser und Moosbeere. Auch Spezialisten wie der fleischfressende Sonnentau können hier überleben. Dazwischen gibt es Vertiefungen, die mit Wasser gefüllt sind. Diese nennt man Schlenken. Manchmal gibt es auch größere Wasserflächen. Sie heißen Kolke oder Mooraugen.

Moorauge im Voralpenland

Torf – was ist das eigentlich?

3.

Alle Moore haben etwas gemeinsam: Unter den Pflanzen, die auf dem Moor wachsen, befinden sich Schichten aus Torf, die viele Meter dick sein können. Der Torf entsteht aus abgestorbenen Pflanzen.

Torfstich im Bockhorner Moor

WELCHE SCHICHTEN GIBT ES IM HOCHMOOR?

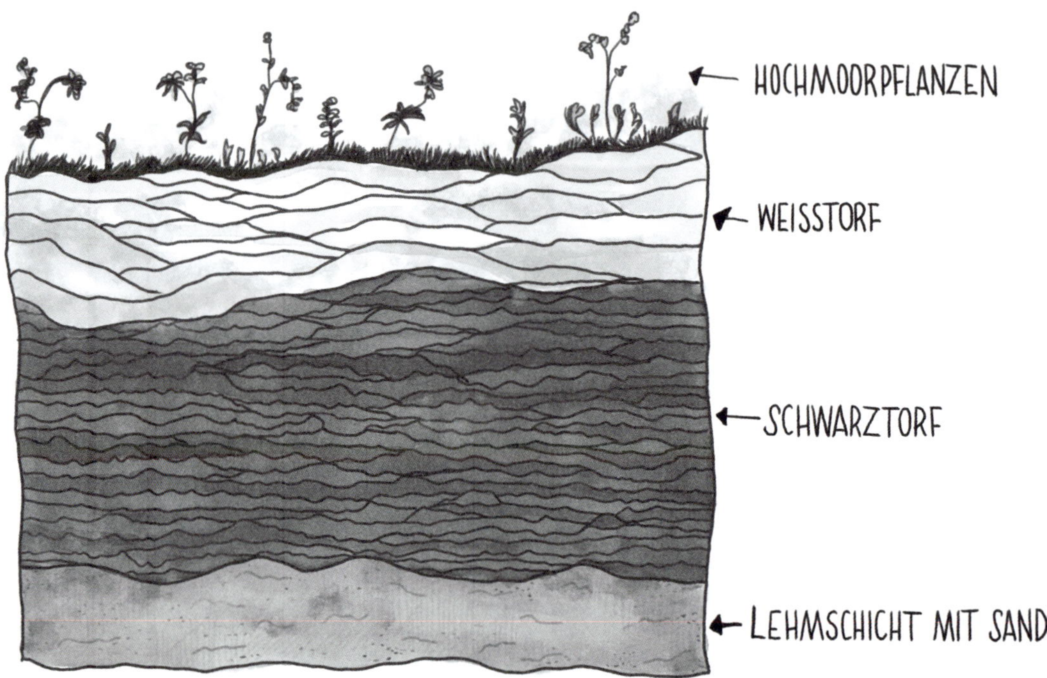

Schichten eines Hochmoores

Das Hochmoor hat mehrere Schichten. Ganz unten befindet sich oftmals eine Lehmschicht mit Steinen und Sand. Durch diese Schicht kann kein Wasser versickern.

Darüber befindet sich die älteste Torfschicht. Durch das hohe Gewicht der Schichten, die darüberliegen, wird die untere Schicht stark zusammengepresst. Dadurch werden die Pflanzenreste feiner zerdrückt, und der Torf wird dunkler. Deshalb wird diese Schicht Schwarztorf genannt. Wenn er gut durchgetrocknet ist, brennt er sehr gut. Man bezeichnet ihn daher auch als Brenntorf.

Die jüngere Schicht über dem Schwarztorf nennt man Weißtorf. Dieser Torf ist hellbraun und nicht so stark zusammengepresst.

Warum entsteht Torf?

Wenn im Herbst die Blätter zu Boden fallen, machen sich viele kleine Lebewesen über das Laub her. Zuerst sorgen Pilze und Bakterien dafür, dass die Blätter verrotten. Diese zersetzte Biomasse dient Asseln und Regenwürmern als Nahrung. Die Reste, die übrig bleiben oder von den Tierchen wieder ausgeschieden werden, werden zu fruchtbarer Erde – sogenanntem Humus.

Doch im Moor funktioniert das nicht. Dort findest du keinen Humus, denn die kleinen Lebewesen mögen das saure Moorwasser nicht. Deswegen werden im Moor die Pflanzenreste nicht zersetzt, sondern bleiben einfach liegen. Wenn du dir den Torf näher ansiehst, kannst du die Pflanzenreste noch gut erkennen.
Jahr für Jahr kommen neue abgestorbene Pflanzen hinzu, und die Schicht wird immer höher. Man sagt dazu, dass der Torf wächst.

ALTE WÄLDER TIEF IM TORF

Wenn Torf abgebaut wird, findet man oft sehr alte Baumwurzeln und Baumstämme. Die Bäume wurden von den Torfmoosen überwuchert und dabei erstickt. Sie fielen um und wurden im Moor eingeschlossen.

Eibenstubben, ca. 8.000 Jahre alt, gefunden beim Moorabbau im Kayhauser Moor

Versuch für Moorforscher

Vergleiche Torf und Muttererde mit der Becherlupe. Was kannst du erkennen?

Du brauchst ein wenig Muttererde aus dem Garten und Torf. Frage nett in einer Gärtnerei oder in einer Baumschule, ob du eine Handvoll Torf bekommen kannst. Lege nun beide Erden in die Becherlupe. Kannst du den Unterschied erkennen?

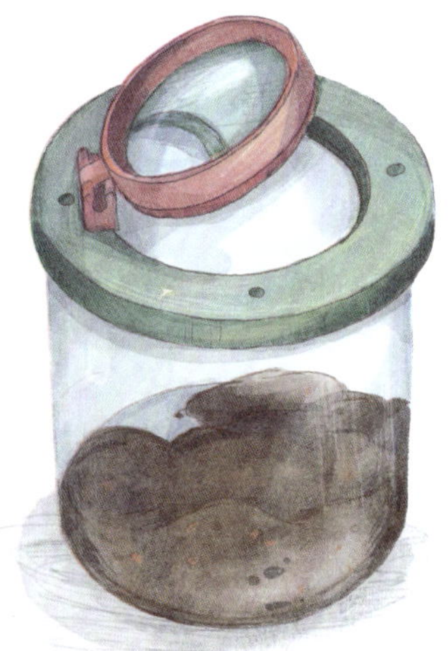

4. Ohne Moos nichts los!

Das Hochmoor ist ein sehr extremer Lebensraum. Der Boden ist nass und sauer. Außerdem gibt es kaum Nährstoffe. Hier wachsen nur Pflanzen, die unter diesen Bedingungen gedeihen können. Derartige Pflanzen sind richtige Spezialisten! Die wichtigste von ihnen im Hochmoor ist das Torfmoos, eine kleine, unscheinbare Pflanze.

STECKBRIEF TORFMOOS

Wissenschaftlicher Name: Sphagnum
Verbreitungsgebiet: nährstoffarme Feuchtgebiete, vor allem Moore und Sümpfe
Anzahl der Arten: weltweit zwischen 150 und 450 Arten, je nach Klassifikation; in Deutschland etwa 35
Farben: grün, gelbgrün, braun, rotbraun, rot oder purpurfarben
Aufbau: lang und dünn; viele Ästchen mit kleinen Blättern; der Kopf sieht aus wie eine sternförmige Blüte
Vermehrung: mit Sporen über den Wind; da sie nicht blühen, können sie sich nicht über Samen vermehren
Besondere Eigenschaften: hat keine Wurzel, nimmt Wasser und Nährstoffe direkt über die Blätter auf; kann sehr viel Wasser in besonderen Speicherzellen und Hohlräumen speichern

Forscherfrage: Kann Moos wirklich Wasser speichern?

Du kannst selbst herausfinden, ob Moos Wasser speichern kann. Dafür brauchst du getrocknetes Moos, einen Messbecher, eine Waage, ein Sieb und Wasser.

Wiege mit der Waage fünf Gramm trockenes Moos ab. Dann gib das Moos in die Schüssel, und fülle diese mit Wasser auf. Nun wartest du 15 bis 20 Minuten. Danach gibst du das Moos in das Sieb und lässt es ein wenig abtropfen, bevor du es noch einmal auf der Waage wiegst. Was stellst du fest?

Wie viel Wasser kann Torfmoos aufsaugen?

Torfmoose können das 20- bis 40-fache ihres Gewichts an Wasser aufnehmen. Stell dir vor, du würdest das 20-fache deines Gewichts zunehmen. Wenn du 50 Kilogramm wiegst, würdest du dann 1.000 Kilogramm auf die Waage bringen, so viel wie zwei Pferde!

TORFMOOS – HERRSCHER DER MOORE

Diese kleine unscheinbare Pflanze herrscht über das ganze Moor? Das ist tatsächlich so. Das Torfmoos hat eine ganz besondere Art zu wachsen:
Es wächst nur an der Spitze. Der untere Teil der Pflanze stirbt nach und nach ab. Im Moor stehen die Pflanzen dicht an dicht und geben sich dabei gegenseitig Halt. Die unteren Bereiche, die bereits abgestorben sind, werden von den Pflanzen zusammengedrückt. Im Laufe der Zeit entstehen so mächtige Schichten aus Torf.
Weil das Torfmoos nur in die Höhe wächst, kann es jedes Jahr fünf bis 20 Zentimeter wachsen. Da haben es Gräser und Zwergsträucher schwer. Sie wachsen viel langsamer, werden deshalb einfach von den Torfmoosen überwuchert und sterben ab.

SAUER MACHT NICHT LUSTIG

Das Torfmoos hat noch eine Superkraft: Es lässt das Moorwasser sauer werden!

Torfmoos lebt vom Regenwasser, das aber nur wenige Nährstoffe hat. Diese Nährstoffe saugt das Torfmoos heraus. Dabei gibt es selbst kleinste Teilchen an das Wasser ab. Wissenschaftler nennen diese Teilchen Ionen. Diese machen das Wasser aber so sauer wie Essig oder Zitronensäure.
Das vertragen die anderen Pflanzen nicht. Sie können in saurem Wasser nicht leben und sterben ab. Und auch die kleinen Lebewesen, die die abgestorbenen Pflanzen zersetzen, sterben, denn sie vertragen die saure Umgebung ebenfalls nicht. Deshalb können die Pflanzenreste nicht mehr verrotten. Sie bleiben im sauren Moorwasser liegen.

Du hast bestimmt schon einmal eine Essiggurke gegessen. Solange die Gurke im sauren Essigwasser schwimmt, kann sie nicht schlecht werden, sie ist konserviert. Genauso bleiben auch die Pflanzen im sauren Moorwasser liegen. Das Moorwasser konserviert sie.

WIE SCHNELL WACHSEN MOORE IN DIE HÖHE?

Die Torfschicht in einem nassen Moor wächst jedes Jahr nur einen Millimeter. Erstaunlich, wenn man bedenkt, wie schnell das Torfmoos an sich wächst. Aber das Torfmoos presst die abgestorbenen Pflanzenteile stark zusammen – so sehr, dass die Schicht nur etwa einen Millimeter dick wird.

**Forscheraufgabe:
Rechne aus, wie lange die
Torfschicht wachsen muss,
bis sie so groß ist wie du!**

Miss, wie viele Zentimeter du groß bist. Dann hänge an diese Zahl eine Null. So viele Jahre müsste der Torf wachsen, bis die Schicht so hoch ist wie du. Wenn du zum Beispiel 145 Zentimeter groß bist, dann braucht der Torf 1.450 Jahre dafür!

Pflanzen im Moor

5.

Nicht nur das Torfmoos, auch andere Pflanzen haben sich perfekt auf das nährstoffarme Leben im Moor eingestellt.

STECKBRIEF SONNENTAU

Wissenschaftlicher Name: Drosera

Andere Namen: Brockkraut, Brunstkraut, Bullenkraut, Herrgottslöffel, Ohrlöffelkraut, Sonnenlöffel oder Widdertod

Verbreitungsgebiet: weltweit

Anzahl der Arten: mehr als 200, davon drei in Deutschland: der Rundblättrige, der Langblättrige und der Mittlere Sonnentau

Rundblättrige Sonnentau

Mittlerer Sonnentau

Wuchsform: Die Blätter bilden Rosetten. Auf den Blättern befinden sich Klebedrüsen, die wie Tentakel mit klebrigem Sekret funktionieren.

Blüten: Die Blüten sitzen an einem sehr langen Stängel, sodass sie einen großen Abstand zu den Klebefallen haben. Dadurch bleiben Insekten, die zum Bestäuben kommen, nicht kleben.

Blütenfarbe: weiß, rosa, orange, violett

Vermehrung: durch Samen, durch Stecklinge der Blätter oder durch Teilen der Wurzel

Besondere Eigenschaft: fleischfressend oder besser: „insektenfangend". Die wenigen Nährstoffe aus dem Moorboden und Regenwasser reichen der Pflanze nicht, deswegen ergänzt sie ihre Nahrung, indem sie Insekten fängt.

MIT DER LEIMRUTE AUF BEUTEFANG

Die Tentakel sind ziemlich raffinierte Werkzeuge, mit denen der Sonnentau seine Beute fängt. An der Spitze der Tentakel sitzt ein klebriger Tropfen. Der Tropfen glitzert wie Tau in der Sonne. Daher hat der Sonnentau auch seinen Namen.

Tentakel mit Tropfen

Durch diesen vermeintlichen Tautropfen – und einen zusätzlich verströmten Duftstoff – werden durstige Insekten angelockt. Sobald sich das Insekt auf ein Fangblatt setzt, gibt es kein Entrinnen mehr: Es klebt fest! Durch das Zappeln der Insekten wird beim Sonnentau ein Bewegungsreiz ausgelöst. Die Blattränder krümmen sich und das Insekt wird eingeschlossen. Durch die in den Tautropfen enthaltenen Verdauungssekrete wird das Insekt verdaut. Das kann mehrere Tage dauern. Danach entrollen sich die Blattspitzen wieder. Von dem Insekt ist dann nur noch der harte Panzer übrig, der vom Wind davongeweht wird.

Extraportion Wissen für Profis

Im Mittelalter versuchte man, aus dem Tau des Sonnentaus Gold zu machen. Die Menschen dachten damals, dass der Tau eine Superkraft habe, weil er in der Sonne nicht trocknet. Das mit dem Gold hat aber leider nicht funktioniert. Trotzdem ist der Sonnentau sehr wertvoll, zum Beispiel als Medizin bei Husten.

Wichtig zu wissen: Sonnentau schützen

Der Sonnentau ist so selten geworden, dass er unter Naturschutz steht. Man darf ihn nicht pflücken, ausgraben oder beschädigen!
Vielleicht gibt es bei euch in der Nähe einen Botanischen Garten, wo ihr euch einen Sonnentau ansehen könnt? Oder ihr bucht in einem Moor-Informationszentrum eine Tour, auf der ihr Moore und Sonnentau live erleben könnt?

STECKBRIEF WOLLGRAS

Wissenschaftlicher Name: Eriophorum

Verbreitung: Europa, Asien, Nordamerika

Anzahl der Arten: fünf in Deutschland, die beiden häufigsten sind das Schmalblättrige und das Scheiden-Wollgras.

Wuchs: aufrecht in Horsten, 20 bis 90 Zentimeter hoch

Blüte: weiß

Vermehrung: durch Samen, die vom Wind verteilt werden

Besondere Eigenschaft: sehr wichtig für die Bildung von Torf, denn die Blätter des Wollgrases werden kaum zersetzt

WIE NUTZT DER MENSCH DAS WOLLGRAS?

Obwohl sie wie Wolle aussehen, kann man die Hüllfäden nicht verspinnen. Sie brechen dabei ab. Trotzdem haben die Siedler diese Fäden früher eingesammelt. Sie haben daraus Kerzendochte gemacht, Kissen damit gefüllt und sie auch in Mauerritzen gestopft.

Das Schmalblättrige Wollgras diente aber auch als Warnung: Dort, wo es wächst, ist es sehr nass, und man kann leicht im Moorboden stecken bleiben.

Extraportion Wissen für Profis

Viele Menschen fahren im April oder Mai extra ins Moor, um sich die vermeintliche Wollgrasblüte anzusehen, dabei hat das Wollgras zu der

Wollgras im Erdinger Moos

Zeit längst ausgeblüht. Die weißen Wattebäusche sind nämlich nicht die Blüten, sondern die Fruchtstände. Das Wollgras blüht bereits im März. Seine Blüten sind sehr unscheinbar.

Blüte des Wollgrases

STECKBRIEF GAGELSTRAUCH

Gagelstrauch mit Fruchtstand

Wissenschaftlicher Name: Myrica gale

Verbreitung: Nordamerika und Europa, an den Rändern von Mooren oder feuchten Heidegebieten

Wuchs: stark verzweigter Strauch mit einer Wuchshöhe von 0,5 bis 1,5 Metern; verliert im Winter seine Blätter

Blüte: gelbbraune Kätzchen von April bis Mai, bevor die Blätter erscheinen; es gibt männliche und weibliche Pflanzen

Besondere Eigenschaft: Zweige und Blätter sind mit Drüsen besetzt, die ein ätherisches Öl absondern und deswegen einen aromatischen Duft verströmen.

Gut zu wissen: Der Gagelstrauch ist sehr selten und steht auf der Roten Liste der gefährdeten Pflanzen. Die Rote Liste wird von der Weltnaturschutzorganisation zusammengestellt. In dieser Liste findet man alle Pflanzen und Tiere, die gefährdet und vom Aussterben bedroht sind.

Männliche Blüten eines Gagelstrauchs

Extraportion Wissen für Profis: Wie hält man sich Flöhe vom Leib?

Früher haben sich die Menschen einen Zweig vom Gagelstrauch unter den Strohsack in ihrem Bett gesteckt, um so Insekten zu vertreiben. Deswegen hieß der Strauch auch Flohstrauch. Im Mittelalter hat man die Blätter zur Herstellung von Bier verwendet und mit seinen Blüten Stoffe gelb gefärbt.

STECKBRIEF MOOSBEERE

Wissenschaftlicher Name: Vaccinium oxycoccos

Verbreitung: Skandinavien, Baltikum, Nordamerika, Japan, Europa; bevorzugt auf Moorböden

Wuchs: Zwergstrauch mit sehr dünnen Stängeln, die die Torfmoose wie Spinnweben überziehen

Blüte: rosa Blüten, die wie kleine Turbane aussehen

Frucht: rote, erbsengroße Beeren

Besondere Eigenschaften: Die Beeren sind essbar, aber sehr sauer und enthalten viel Vitamin C.

Gut zu wissen: Die Moosbeere ist sehr selten geworden. Für einige Schmetterlingsarten ist sie lebenswichtig. Die Raupe des Moosbeerenspanners ernährt sich nur von dieser Pflanze.

STECKBRIEF MOORLILIE

Blühende Moorlilie

Wissenschaftlicher Name: Narthecium ossifragum

Verbreitung: Mitteleuropa, braucht saure torfige Moorböden

Wuchs: schmale, schwertförmige Blätter, wird 10 bis 30 Zentimeter hoch

Blüte: im Juli und August eine dicke Traube von gelben Blüten, die sehr stark duften

Gut zu wissen: Die Moorlilie wird im Volksmund auch Beinbrech genannt, weil die Menschen früher dachten, dass die Kühe poröse Knochen bekommen, wenn sie diese Pflanze fressen. Doch nicht die Blume war das Problem, sondern der kalkarme Boden, der zu Kalziummangel führte.

HEIDEKRAUTGEWÄCHSE

Zu den typischen Pflanzen im Hochmoor gehören auch die Heidekrautgewächse. In Deutschland gibt es drei verschiedene Arten: Besenheide, Glockenheide und Rosmarinheide. Alle Heidekrautgewächse brauchen nur wenig Wasser und Nährstoffe zum Leben.

STECKBRIEF BESENHEIDE

Wissenschaftlicher Name: Calluna vulgaris
Verbreitung: in ganz Europa, vorwiegend in trockenen Wäldern, Heiden und Mooren
Wuchs: dicht verzweigter, immergrüner Zwergstrauch, 10 bis 30 Zentimeter hoch
Blüte: von August bis Dezember
Blütenfarbe: rosa, violett
Gut zu wissen: Früher haben die Menschen die Heide mitsamt den Wurzeln ausgestochen. Mit diesen sogenannten Soden haben sie ihre Dächer gedeckt. Aus den Zweigen stellten sie Topfbürsten und Besen her. Daher hat die Besenheide auch ihren Namen.

Topfbürste, sogenannter „Böhner"

STECKBRIEF GLOCKENHEIDE

Wissenschaftlicher Name: Erica tetralix

Verbreitung: Europa, in Mooren und nährstoffarmen, nassen Heiden

Wuchs: aufrechter Zwergstrauch mit nadelförmigen Blättern, 15 bis 50 Zentimeter hoch

Blüte: von Juni bis Oktober

Blütenfarbe: dunkelrot, violett, rosa, weiß

Besondere Eigenschaften: Bienen und Hummeln beißen Löcher in die Blütenblätter, um an den Nektar zu kommen.

STECKBRIEF ROSMARINHEIDE

Wissenschaftlicher Name: Andromeda polifolia

Verbreitung: Europa, Sibirien, Mongolei, Japan, Alaska, Kanada, Amerika, Grönland

Wuchs: Zwergstrauch, der nur 15 bis 30 Zentimeter hoch wird

Blüte: von April bis Juni; die Blüten sehen wie kleine kugelige Glocken aus; an einem Stiel hängen ein bis vier Blüten

Blütenfarbe: rosa

Besondere Eigenschaften: Sehr giftig für Menschen! Für Insekten sind sie aber eine wichtige Nahrungsquelle.

STECKBRIEF KREUZOTTER

Lateinischer Name: Vipera berus

Größe: 60 bis 80 Zentimeter

Alter: 8 bis 12 Jahre

Aussehen: durchgehendes Zickzackband auf dem Rücken; Fleck am Hinterkopf, der wie ein Kreuz oder Dreieck aussieht; dick wie ein Daumen; graue, braune oder schwarze Grundfarbe möglich

Fortpflanzung: Ende August/Anfang September werden 8 bis 15 lebende Junge geboren, ungefähr so groß wie ein Bleistift; die Jungtiere müssen gleich für sich selbst sorgen

Nahrung: Mäuse, Frösche, Eidechsen

Lebensraum: naturbelassene Wälder, Feuchtwiesen, Moore

Besondere Eigenschaften: Die Kreuzotter kann schlecht sehen, dafür kann sie über weite Entfernungen Erschütterungen wahrnehmen. Sie fällt in Winterstarre.

Gut zu wissen: Die Kreuzotter ist die einzige Giftschlange in Deutschland – aber sehr selten. Sie gehört zur Familie der Vipern.

RIECHEN MIT DER ZUNGE

Die Kreuzotter züngelt, das heißt, alle paar Sekunden schnellt die Zunge aus ihrem Maul. Warum macht sie das?
Am Gaumen haben Schlangen, wie alle anderen Reptilien auch, das sogenannte „Jacobson-Organ" sitzen. Mithilfe ihrer Zunge streifen Schlangen beim Züngeln die Duftstoffe von ihrem Gaumen ab und machen sich so ein Geruchsbild von ihrer Umwelt. Weil ihre Zunge vorn gespalten ist, können sie zudem unterscheiden, ob der Duft von rechts oder von links kommt.

VORSICHT! GIFTIG!

Giftapparat einer Schlange

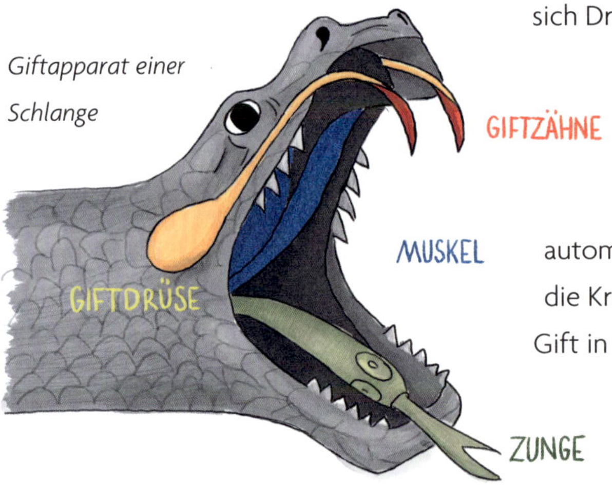

Im Schädelknochen der Kreuzotter befinden sich Drüsen, in denen ein Gift gebildet wird. Das Gift wird dann über den Giftkanal in die beiden Giftzähne transportiert. Wenn die Schlange ihr Maul öffnet, richten sich die Giftzähne automatisch auf. Mit geöffnetem Maul beißt die Kreuzotter ihre Beute. Dabei gelangt das Gift in den Körper des Opfers, wodurch es stirbt oder gelähmt wird. Führt ihr Biss nicht sofort zum Tod, wartet die Schlange kurz ab und verfolgt dann das gebissene Tier. Mit Hilfe ihrer langen geteilten Zunge kann sie ihre Beute noch aus größerer Entfernung riechen und aufspüren.
Zum Fressen hakt sie ihren Unterkiefer aus und verschlingt ihre Beute im Ganzen, meistens mit dem Kopf voran, weil sie nicht kauen kann. Diese Mahlzeit reicht der Kreuzotter dann für mehrere Tage.

SIND KREUZOTTERN FÜR MENSCHEN GEFÄHRLICH?

Man muss vor Kreuzottern keine übertriebene Angst haben, aber man sollte ihnen mit Respekt begegnen. Die Tiere reagieren nur aggressiv, wenn sie sich bedroht fühlen oder wenn wir ihnen zu nahe kommen.
Der Biss tut sehr weh, ungefähr so, als würde man von zwei Wespen gleichzeitig gestochen werden. Danach tritt um die Wunde herum eine schmerzhafte, blaurote Verfärbung auf.
Am besten kann man sich durch feste Schuhe und lange Hosen schützen. Bevor man sich irgendwo auf den Boden setzt, sollte man ihn nach Schlangen absuchen.

Die Kreuzotter hat mich doch gebissen – was nun?

Auf jeden Fall ruhig bleiben und nicht panisch werden. Der Biss tut zwar sehr weh, aber er ist für den Menschen nicht tödlich. Trotzdem solltest du sofort einen Arzt oder die Giftnotrufzentrale deines Bundeslandes anrufen. Die Telefonnummern findest du im Internet.
Du solltest die Wunde auf gar keinen Fall aussaugen. Dann würde das Gift über die Schleimhäute im Mund weiter in deinem Körper verteilt werden. Dabei könnte es auch in die Atemwege gelangen. Dort ist eine Schwellung lebensbedrohlich! Auch solltest du die Wunde nicht aufschneiden oder abbinden. Am besten ist es, die Stelle möglichst ruhig zu halten.

**Extraportion Wissen für Profis:
Wenn Schlangen aus der Haut fahren**

Kreuzottern häuten sich mehrmals. Das tun sie immer dann, wenn sie für ihre Haut zu groß geworden sind. Sie reiben sich dafür an Zweigen und Steinen, bis die alte Haut abgestoßen ist.

STECKBRIEF MOORFROSCH

Lateinischer Name: Rana arvalis

Größe: 5 bis 6 Zentimeter

Alter: 10 Jahre

Aussehen: bräunliche bis rötliche Oberseite, mit dunklen Flecken oder ohne; dunkler Schläfenfleck um das Auge; kurze spitze Schnauze

Nahrung: Käfer, Schmetterlingsraupen, Asseln, Spinnen, Schnecken, Regenwürmer

Verbreitung: Ausgehend von Vorkommen im westlichen Mitteleuropa (Niederlande, Deutschland), reicht das Verbreitungsgebiet des Moorfrosches über Osteuropa bis weit nach Sibirien. In Deutschland findet man den Moorfrosch schwerpunktmäßig im Norden und Osten. In Mittel-, West- und Süddeutschland ist er nur lückig verbreitet und mittlerweile sehr stark bedroht.

Lebensraum: im Randbereich von Hochmooren, Heidegebiete, nasse Wiesengebiete, Auen

Gut zu wissen: Der Moorfrosch ist stark gefährdet und steht auf der Roten Liste.

Extraportion Wissen für Profis: Der Moorfrosch macht im Frühjahr blau

Jedes Jahr im Frühjahr legen die männlichen Moorfrösche ein blaues Prachtgewand an. Ist die Paarungszeit beendet, verschwindet das Blau wieder.

Schuld an dem Farbwechsel sind die Hormone, die alle Funktionen in Lebewesen steuern. Sie sorgen zum Beispiel dafür, dass jemand wächst. Diese Hormone sind beim Moorfrosch dafür verantwortlich, dass die Männchen zur Paarungszeit unter der Haut Wasser speichern. Durch das Wasser verändert sich die Lichtbrechung, und der Frosch erscheint dann blau. Es ist noch nicht ganz geklärt, welchem Zweck die Blaufärbung dient. Wollen die Männchen den Weibchen imponieren oder Feinde abschrecken?

Forscherfrage: Wie quakt der Moorfrosch?

Die Laute des Moorfrosches unterscheiden sich stark vom normalen Quaken der Frösche, wie wir es kennen. Der Moorfrosch blubbert. Wenn du das Geräusch nachahmen möchtest, halte eine mit Luft gefüllte Flasche unter Wasser und lasse Blubberblasen aufsteigen. So klingt der Moorfrosch!

FORTPFLANZUNG

Entwicklungsstadien des Frosches

Nach der Paarung legt das Weibchen die befruchteten Eier, die man Laich nennt, in ein flaches, vollsonniges Laichgewässer. Zwischen 300 und 2.000 Eier kleben in einem Laichklumpen zusammen.

Schon nach wenigen Tagen schlüpfen die Kaulquappen. Sie haben einen ovalen Kopf mit Kiemen und einen schmalen Schwanz. Die Kiemen benötigen sie, damit sie unter Wasser atmen können.

Nach ein paar Wochen wachsen den Kaulquappen zuerst die Hinterbeine, ein paar Tage später dann die Vorderbeine. Jetzt sehen die Babys aus wie winzige Frösche mit langen Schwänzen.

Nach ungefähr drei Monaten ist der Frosch vollständig entwickelt. Die Kiemen sind verschwunden, und der Frosch atmet nun mit der Lunge. Von dem Schwanz ist nur noch ein kleiner Stummel zu sehen.

Der Moorfrosch ist ein Explosionslaicher. Das bedeutet, dass sehr viele Moorfrösche innerhalb weniger Tage am selben Ort ihre Eier ins Wasser legen.

STECKBRIEF KLEINE MOOSJUNGFER

Lateinischer Name: Leucorrhinia dubia

Größe: Körperlänge von 3 bis 4 Zentimetern, Flügelspannweite von 6 Zentimetern

Aussehen: Das typische Merkmal ist das weiße Gesicht – die Frontpartie des Kopfes. Der Hinterleib hat eine schwarze Grundfarbe, beim Männchen rötlich und beim Weibchen gelblich gefleckt. Das Flügelmal und die Beine des Männchens sind schwarz.

Nahrung: Insekten (Fliegen, Schmetterlinge)

Lebensraum: besiedelt meist Gewässer in Hochmooren, die reich an Torfmoos sind

Besondere Eigenschaften: Libellen sind wahre Flugkünstler. Sie können vorwärts, rückwärts, auf- und abwärts und auf der Stelle fliegen.

Gut zu wissen: Libellen kommen überall in Wassernähe vor. Sie sind eine sehr alte Insektenart und haben sich in den letzten 150 Millionen Jahren nicht verändert. In Deutschland gibt es 80 Libellenarten. Man unterscheidet zwischen Groß- und Kleinlibellen.

Extraportion Wissen für Profis: Paarung in Herzform

Paarungsrad der Schwarzen Heidelbeerlibelle

Die Libelle paart sich im Frühjahr. Das Liebesspiel findet überwiegend in der Luft statt. Dabei umfasst das Männchen das Weibchen und biegt seinen Hinterleib, sodass die Tiere miteinander verbunden sind. Man bezeichnet dies als Paarungsrad; es ähnelt einem Herzen.
Nach der Paarung legt das Weibchen die Eier im Gewässer ab, am liebsten auf schwimmendem Torfmoos. Zwischen Mai und Juli schlüpfen die Libellenlarven. Mehrere Jahre leben sie im Wasser. Die gefräßigen Tiere ernähren sich dabei von Kaulquappen und Mückenlarven. Während dieser Zeit häutet sich die Larve mehrmals. Nach zwei bis drei Jahren ist die Libelle ausgewachsen. Sie klettert ein Stückchen aus dem Wasser und atmet nun Sauerstoff. Nach ein paar Tagen reißt ihr Panzer auf: Die Flügel und der restliche Körper der Libelle kommen zum Vorschein. Nun kann sie zu ihrem ersten Flug starten.

STECKBRIEF MOOREIDECHSE

Lateinischer Name: Zootoca vivipara

Andere Namen: Wald- oder Bergeidechse

Größe: bis zu 18 Zentimetern, davon nimmt der Schwanz zwei Drittel ein

Alter: 6 Jahre

Aussehen: braun bis grau; mit Schuppen; charakteristisch ist das Halsband, eine Reihe großer Schuppen an der Unterseite des Halses; das Weibchen hat zwei dunkle Seitenstreifen und einen dunklen Rückenstreifen, die beim Männchen fehlen

Fortpflanzung: bringt ihre fünf bis acht Jungen lebend zur Welt; die Jungen sind sofort selbstständig

Nahrung: Käfer, Raupen, Spinnen, Heuschrecken, Ameisen

Lebensraum: Moore, Steinbrüche, Heidelandschaften, Waldlichtungen, Waldränder, oft in der Nähe von Wasserflächen

Besondere Eigenschaften: Bei Gefahr kann sie den Schwanz abwerfen. Während sich die Feinde mit dem zuckenden Schwanz beschäftigen, kann sie sich in Sicherheit bringen. Der Schwanz wächst wieder nach, wird aber nicht mehr ganz so lang.

STECKBRIEF GROßER BRACHVOGEL

Lateinischer Name: Numenius arquata

Größe: Körperlänge von 50 bis 60 Zentimetern, Flügelspannweite von 80 bis 100 Zentimetern; das Weibchen ist etwas größer als das Männchen

Alter: 20 Jahre

Aussehen: grau und braun gemustertes Gefieder; lange Beine; langer, schmaler, nach unten gebogener Schnabel

Fortpflanzung: eine Brut mit vier Eiern; Männchen und Weibchen brüten abwechselnd; Bodennest; die Jungen sind Nestflüchter

Nahrung: Regenwürmer, Muscheln, Schnecken, Krebstiere, Beeren und grüne Pflanzenteile

Lebensraum: offene, sehr feuchte Flächen, Moorlandschaften, zugewachsene Gewässer, Heideflächen

Besondere Eigenschaft: melodischer Gesang, ihr Ruf klingt wie „kuri-li"

STECKBRIEF HOCHMOOR-BLÄULING

Lateinischer Name: Plebejus optilete

Größe: Spannweite von 2,4 bis 2,8 Zentimetern

Alter: 2 Monate

Aussehen: Das Männchen ist auf der Flügeloberseite violettblau gefärbt, das Weibchen dunkelbraun; die Unterseite der Flügel ist graubraun gefärbt mit dunklen Flecken.

Fortpflanzung: Die Schmetterlinge fliegen nur von Ende Juni bis August; in dieser Zeit legen sie ihre Eier an Heidekrautpflanzen ab; nach wenigen Tagen schlüpfen die hellgrünen Raupen mit gelben Seitenstreifen; die Raupen überwintern; im Juni darauf verpuppen sie sich; schon nach kurzer Zeit schlüpfen die Schmetterlinge aus den Puppen.

Nahrung: Moosbeere, Heidelbeere, Preiselbeere

Lebensraum: Moorwiesen, Moorheide

STECKBRIEF ROTSCHENKEL

Lateinischer Name: Tringa totanus

Größe: Körperlänge von 30 Zentimetern, Flügelspannweite von 50 Zentimetern

Alter: 15 Jahre

Aussehen: Das Federkleid ist auf dem Rücken bräunlich, sein Bauch ist weiß, der ganze Körper ist gefleckt; auffällig sind die sehr langen roten Beine und der lange rote Schnabel mit schwarzer Spitze.

Fortpflanzung: eine Brut von drei bis fünf Eiern im gut versteckten Bodennest; die Jungen sind Nestflüchter

Nahrung: Würmer, Schnecken, Muscheln, kleine Fische

Lebensraum: Moore, Feuchtwiesen und Salzwiesen, dem Übergang zwischen Meer und Land

STECKBRIEF BEKASSINE

Lateinischer Name: Gallinago gallinago

Anderer Name: Himmelsziege

Größe: Körperlänge von 28 Zentimetern, Flügelspannweite von 42 Zentimetern

Alter: 12 Jahre

Aussehen: langer Schnabel, kurze Beine, kugeliger Bauch, kräftig gestreiftes und geflecktes braunes Gefieder

Fortpflanzung: eine Brut von vier Eiern im gut getarnten Bodennest; die Jungen sind Nestflüchter

Nahrung: Würmer, Insekten, Larven, kleine Beeren, Sämereien

Lebensraum: Feuchtwiesen, Moore, Marschland, Salzwiesen

Besondere Eigenschaft: Der Vogel flüchtet im Zickzackflug.

Extraportion Wissen für Profis: Fliegende Ziegen

Beim Balzflug vollführen die Männchen eine riskante Flugshow, bei der sie sich mit gespreizten Schwanzfedern kopfüber in die Tiefe stürzen. Die Federn machen dabei Geräusche, die wie das Meckern einer Ziege klingen. Will ein Fuchs ihren Küken an den Kragen, trickst die Bekassine ihn kurzerhand aus. Sie spielt „kranker Vogel“ und hüpft vom Nest weg. Der Fuchs folgt ihr, weil er leichte Beute wittert. Hat sie den Feind weit genug vom Nest fortgelockt, fliegt sie blitzschnell davon.

STECKBRIEF SUMPFOHREULE

Lateinischer Name: Asio flammeus

Größe: Körperlänge von 35 bis 40 Zentimetern, Flügelspannweite von 100 Zentimetern

Alter: 20 Jahre

Aussehen: stroh- oder schildbraunes Gefieder; die Federohren sind meist angelegt und deshalb nicht zu sehen
Fortpflanzung: eine Brut von 4 bis 10 Eiern am Boden
Nahrung: Mäuse, Vögel
Lebensraum: Feuchtwiesen, Moore, Heiden, Sümpfe, Verlandungszonen, Dünenlandschaften

Besondere Eigenschaft: Die Sumpfohreule ist im Gegensatz zu den meisten anderen Eulen tagaktiv.

STECKBRIEF KRANICH

Lateinischer Name: Grus grus
Größe: Körperlänge von 90 bis 120 Zentimetern, Flügelspannweite von bis zu 250 Zentimetern
Alter: 20 Jahre

Aussehen: schlanker Körperbau, langer Hals und Schnabel, lange Beine, gräulich-weißes Gefieder

Fortpflanzung: eine Brut von ein bis drei Eiern; die Jungen sind Nestflüchter

Nahrung: Fische, Nagetiere, Schnecken, Würmer, Kartoffeln, Mais

Lebensraum: Feuchtwiesen, Moore, Sümpfe

Extraportion Wissen für Profis: Vögel des Glücks

Jedes Jahr ab Anfang Oktober ziehen Kraniche von Skandinavien nach Süden. Tausende Vögel machen Rast in Deutschland. Es gibt drei Bundesländer, in denen die Vögel Station machen: in Brandenburg, in Mecklenburg-Vorpommern und in Niedersachsen.

Hier schlagen sie sich noch einmal richtig die Bäuche voll, bevor sie weiterfliegen. Tagsüber suchen Kraniche nach Getreide und Mais auf den abgeernteten Feldern. Kurz vor Sonnenuntergang fliegen sie zu ihren Schlafplätzen im Moor oder im Bodden. Als Bodden bezeichnet man flache Gewässer mit Verbindung zur Ostsee. Dadurch ist das Wasser schwach salzhaltig.

Die Kraniche brauchen flache Gewässer zum Übernachten. Dort sind sie vor ihren Feinden geschützt. Sie schlafen im Stehen.

Auch im Frühjahr, wenn die Vögel zurück in ihre Brutgebiete ziehen, machen sie wieder Rast im Moor. Allerdings bleiben sie dann nicht so lange, weil sie es eilig haben, mit der Brut zu beginnen. Inzwischen gibt es auch schon Kranichpaare, die in Deutschland brüten.

In vielen Ländern glaubt man, dass Kraniche Glück bringen.

Schaurig ist's ins Moor zu ziehen

7.

DIE ERSTEN MENSCHEN IM MOOR

Schon zu der Zeit, als die Moore entstanden sind, lebten dort Menschen. Bereits in der Steinzeit wurde das Moor genutzt. Die Steinzeitmenschen bauten vor über 7.000 Jahren Wege aus Holz durch das Moor. Auf diesen Wegen konnten sie es ohne Gefahr durchqueren.

Rekonstruierter Bohlenweg in Wittemoor/ Berne

DAS SCHAURIGE MOOR

Erst vor 250 Jahren begannen die Menschen, das Moor nutzbar zu machen. Warum so spät? Jahrhundertelang fürchteten sich die Menschen vor dem Moor. Der Nebel und der schwankende Boden, in den man noch dazu einsinken konnte, waren ihnen unheimlich. Für sie war es ein Ort, an dem die bösen Geister wohnten. Sie erzählten sich Geschichten von Irrlichtern, Hexen und anderen schaurigen Gestalten. Wenn man nicht musste, ging man nicht ins Moor.

Molberger Dose

LEVER DOT AT SLAV – LIEBER TOT ALS SKLAVE

In Nordwestdeutschland fingen die Menschen vor 250 Jahren dann doch an, das Moor im großen Stil zu kultivieren. Kultivieren bedeutet, die Flächen des Moores nutzbar zu machen. Doch warum taten sie das? Der Staat wollte damals auch unbewohnte Gebiete besiedeln. Außerdem sollte Torf abgebaut werden, denn dieser war ein guter Brennstoff, und Holz war sehr knapp.

Im ostfriesischen Raum und im Emsland ging es vielen Menschen sehr schlecht, da die Bevölkerung stark anwuchs. Damals war es so, dass nur das älteste Kind auf dem Hof des Vaters wohnen bleiben und eine Familie gründen durfte. Die Geschwister mussten den Hof verlassen und für einen reichen Bauern arbeiten.

Die Landarbeiter lebten in Bretterverschlägen im Viehstall. Sie bekamen nur sehr wenig zu essen und mussten Tag und Nacht schuften, selbst am Wochenende. Da beschlossen die Menschen zum Beispiel in Niedersachsen: „Lever dot at Slav!" – Lieber tot als ein Sklave! Das Moor war für die Arbeiter die einzige Möglichkeit, selbst ein Stück Land zu besitzen. Sie hofften dort auf ein besseres Leben.

DEM ERSTEN DER TOD, DEM ZWEITEN DIE NOT, DEM DRITTEN DAS BROT

Doch so einfach, wie die Kolonisten – so nannte man die Arbeiter, die sich im Moor ansiedelten – sich das vorgestellt hatten, war es nicht. Ihr ganzer Besitz war die Kleidung, die sie am Körper trugen, und sie lebten in bitterer Armut. War der Winter sehr kalt und die Ernte im Herbst schlecht ausgefallen, mussten sie verhungern.

Es dauerte viele Jahre, bis es den Moorsiedlern besser ging. Aus dieser Zeit stammt auch der Spruch: „Den ersten de dot, den tweden de not, den dreten dat brot" – dem Ersten der Tod, dem Zweiten die Not, dem Dritten das Brot. Das bedeutet, dass viele der ersten Siedler noch verhungerten.

Plaggenhütte der ersten Siedler in der Van-Velen-Anlage Papenburg

Ein paar Jahre später hatte man zwar oft Hunger, aber wenigstens gerade genug, um zu überleben. Eine Generation später hatten die Siedler zumindest immer genug zu essen.

8. So wohnten die Moorsiedler im Laufe der Zeit

Wie du schon weißt, waren die ersten Moorsiedler sehr arm. Sie hatten kein Geld, von dem sie sich Baustoffe kaufen konnten. Deswegen mussten sie ihre Häuser aus dem Material bauen, das sie in der Natur fanden.

Plaggenhütte im Moormuseum Moordorf

PLAGGEN- UND SODENHÜTTEN

Die ersten Siedler bauten ihre Hütten aus Plaggen und Torfsoden. Torfsoden sind getrocknete Torfstücke, die so aufeinandergestapelt wurden, als würdest du mit Legosteinen ein Haus bauen. Die Soden trockneten nach und nach und schrumpften dabei. Es entstanden immer wieder Ritzen, durch die der Wind pfiff. Die Ritzen stopfte man regelmäßig mit Heidekraut und Moos aus. Das Dach wurde mit Plaggen gedeckt. Eine Plagge ist ein ausgestochenes Stück Boden mit Heidepflanzen darauf. Die Wurzeln der Heide hielten die Plagge fest zusammen.

Diese Hütten hatten den Vorteil, dass sie sehr leicht waren. Da das Moor noch nicht richtig entwässert war, war der Boden sehr weich und gab schnell nach. Ein Haus aus Ziegelsteinen wäre darin versunken.
Solche Hütten hatten nur einen einzigen Raum, der gleichzeitig Wohnzimmer, Küche und Schlafzimmer war. Richtige Betten gab es nicht. Die Siedler schliefen auf Stroh, das sie auf Holz legten. Gekocht wurde über offenen Feuerstellen. Da die Häuser keinen Schornstein hatten, waren sie sehr verqualmt.

Schlafplatz in einer Plaggenhütte im Moormusem Moordorf

Auch eine Toilette gab es in den Häusern nicht. Stattdessen grub man etwas abseits von der Plaggenhütte ein tiefes Loch. Darüber baute man aus Baumstämmen einen Sitzplatz. Fertig war das Plumpsklo! War das Loch voll, deckte man es mit Grassoden ab. Man markierte die Stelle mit einem großen Stein oder mit einem Stock. Im Frühjahr öffnete man das Loch wieder und holte den Inhalt heraus. Diesen verteilte man auf dem Acker und hatte so einen kostenlosen Dünger.

Extraportion Wissen für Profis: Woher stammt der Ausdruck „einen Zahn zulegen"?

Topf am Kesselhaken im Moor- und Fehnmuseum Elisabethfehn

Wie du schon weißt, wurde in den Häusern über dem offenen Feuer gekocht. Das war eine Art Lagerfeuer im Haus. Über dem Feuer hing ein Kessel an einem Haken, den man deswegen auch Kesselhaken nannte. Er hatte mehrere Zähne, womit man den Abstand zwischen Kessel und Feuer einstellen konnte. Wenn nun jemand sagte: „Leg mal einen Zahn zu!", dann sollte der Kessel einen Zahn tiefer gehängt werden. Er hing so näher über dem Feuer, und der Inhalt kochte schneller.

LEHMHÄUSER

Wenn die Moorsiedler die acht bis zwölf Meter dicke Torfschicht abgebaut hatten, stießen sie auf eine Schicht aus Lehm. Diesen Lehm nutzten sie, um daraus Häuser zu bauen. Die Siedler verwendeten also wieder Baumaterial, das sie in der Natur fanden.

Beim Bau eines Lehmhauses wurde zuerst ein Gerüst aus Holzbalken und Stangen aufgebaut. Nun wurde ein Brei aus Lehm hergestellt. Dann nahm man Stroh und zog einen etwa einen Meter langen Strang heraus, der nicht zu dick sein durfte. Den Strang legte man nun in den Lehmbrei und arbeitete mit den Händen den Lehm in das Stroh ein. Dann zog man den Strang ganz vorsichtig wieder heraus und drehte ihn dabei. So entstand eine Lehmwurst, die nun in die Stangen eingeflochten wurde. Durch das Aufeinanderschichten von mehreren Lehmwürsten entstand langsam eine Wand. Zunächst war der Lehm noch feucht und weich. Die Sonne trocknete ihn aber schnell, und er wurde sehr hart.

Das Dach des Hauses wurde mit Stroh oder mit Reet gedeckt. Reet ist ein Schilfrohr, das lange haltbar ist. Fensterscheiben aus Glas gab es damals noch nicht. In den kalten und nassen Jahreszeiten stopfte man Strauchbündel in die Öffnungen. Dann war es in den Häusern ganz schön dunkel. Außerdem war es innen ständig feucht. Das Dach war nicht ganz dicht, und auch die Wände begannen nach einiger Zeit zu bröckeln und mussten ständig ausgebessert werden. Da es immer zugig, feucht und kalt war, wurden die Menschen damals oft krank.

Die meisten Lehmhütten bestanden aus zwei Räumen. Es gab einen Wohnraum, in dem auch gekocht und geschlafen wurde. Von diesem Raum war

Lehmhaus im Moormuseum Moordorf

Stallteil in einem Lehmhaus im Moormuseum Moordorf

ein Teil als Stall abgetrennt. Dort standen Schafe, Ziegen und Hühner. Manchmal gab es im Stallteil auch ein Plumpsklo. Bei den meisten Lehmhütten war das Plumpsklo aber nach wie vor draußen.
In den Lehmhütten lebten bis zu zwölf Personen. Möbel gab es so gut wie keine. In der Mitte des Raumes standen ein selbst gezimmerter Tisch und zwei Stühle. Beim Essen saßen nur die Erwachsenen. Die Kinder standen um den Tisch herum. Auch Teller, Gabel und Messer gab es nicht. Jeder hatte einen selbst geschnitzten Löffel, in dem der Anfangsbuchstabe seines Namens eingeritzt war. Das Essen wurde in einer großen Holzschüssel auf den Tisch gestellt. Alle aßen gemeinsam aus dieser Schüssel. Meistens gab es Brei oder Suppe.

Herdstelle in einem Lehmhaus im Moormuseum Moordorf

Extraportion Wissen für Profis: Was heißt „den Löffel abgeben“?

Vielleicht hast du schon einmal gehört, dass jemand den Löffel abgegeben hat? Diese etwas flapsige Redensart benutzen manche Leute, wenn jemand gestorben ist. Wer gestorben ist, braucht seinen Löffel nicht mehr. Er kann ihn abgeben. Wenn dann in der Familie ein Kind auf die Welt kam, erbte es diesen Löffel. Damit der eingeritzte Anfangsbuchstabe des Namens stimmte, bekam es auch denselben Namen. Und wenn der Verstorbene Gerd hieß und ein Mädchen geboren wurde, dann wurde daraus eine Gertje.

BETTEN MIT INSEKTENSCHUTZ

Betten, wie wir sie heute kennen, gab es damals noch nicht. Man schlief in Butzen. Das waren zwei Schlafnischen, die in der Wand eingemauert waren. In der einen Nische schliefen die Eltern mit dem jüngsten Kind, in der zweiten die anderen Kinder. In den Butzen war es sehr eng, wodurch man sich im Winter gegenseitig gut wärmen konnte. Ein Kind allein in einer Butze wäre erfroren. Das Bett bestand aus einer Unterlage aus getrockneten Gräsern. Darauf lag ein Leinentuch. Die Füllung der Kopfkissen bestand aus Wollgrasbüscheln. Als Bettdecke diente ein Bezug, der mit Gräsern und Zweigen gefüllt war. Hierfür nutzten die Siedler gern die Zweige des

Butzen im Moormuseum Moordorf

Torfpütt im Moormuseum Moordorf

Gagelstrauchs. Der Strauch ist sehr giftig und wird deshalb von Insekten gemieden. So konnten sich die Kolonisten ein wenig vor Ungeziefer schützen.
In dem Hohlraum unter den Butzen lagerten die Vorräte. Kartoffeln, Getreide und Gemüse waren so vor Frost geschützt.

DER TORFPÜTT

In den Häusern gab es weder Strom noch fließendes Wasser. Das Wasser wurde aus dem Brunnen neben dem Haus geholt. Um das Brunnenloch abzudichten, wurde darüber ein kleines Häuschen errichtet. In Norddeutschland nannte man den Brunnen Torfpütt und das Häuschen Pütthuus.

Extraportion Wissen für Profis:
Wie funktionierte der Brunnen?

Wenn die Siedler einen Brunnen haben wollten, mussten sie runde Löcher in den Boden graben – so tief, bis sie auf eine Lehmschicht stießen. Das konnten durchaus bis zu zwölf Meter sein. Die Lehmschicht ließ kein Wasser hindurch. Sie war also der Boden des Brunnens, durch den kein Wasser entweichen konnte.
Nun kleideten die Siedler die Brunnenwand mit getrockneten Torfstücken aus. Wenn jetzt das Grundwasser von allen Seiten in das Brunnenloch laufen sollte, musste es diese Torfschicht durchdringen. Der Torf war dabei ein hervorragender Filter, und die Siedler hatten sauberes Wasser.

DAS KOLONISTENHAUS

Kolonistenhaus in der Van-Velen-Anlage Papenburg

Den Fehntjern – also den Kolonisten, die ein Stück Moor in einer Fehnsiedlung am Kanal hatten – ging es schon bald deutlich besser als den ersten Siedlern im Moor. Durch den Bau der Kanäle gab es Verkehrswege. Hatten die Siedler bisher immer nur den Torf für sich selbst gestochen, konnten sie ihn nun auch verkaufen. Von dem Geld konnten sie sich Lebensmittel und Kleidung kaufen. Einige Fehntjer erwarben auch Steine von Abbruchhäusern. Damit ummauerten sie ihre alten Lehmhütten. Erste Dachziegel gab es nun ebenfalls, und innen wurden die Häuser komfortabler. Die gemauerten Butzen wurden durch hölzerne Schrankbetten, die man „Alkoven" nennt, ersetzt.

Extraportion Wissen für Profis:
Woher kommt der Ausdruck „steinreich"?

Wenn jemand so viel Geld hatte, dass er sein Lehmhaus mit Steinen ummauern konnte, dann sagte man: „Er ist steinreich!"

DAS SCHWARZE GOLD

Innenansicht in einem Kolonistenhaus im Emsland Moormuseum

Am besten ging es den Siedlern, die so viel Geld verdienten, dass sie sich einen eigenen Torfkahn kaufen konnten. Sie fuhren nun auch für die Kolonisten ohne Schiff den Torf in die Städte und bekamen Geld für den Transport. Sie nannten den Torf deshalb auch „Schwarzes Gold“. Diese Siedler konnten es sich leisten, ihr ursprüngliches Lehmhaus durch ein festes Haus zu ersetzen. In den Fehnsiedlungen gab es Vorschriften für den Bau solcher Kolonistenhäuser. Der Stall musste nun durch eine feste Wand vom Wohnbereich getrennt sein. Zum Kochen und Heizen gab es einen richtigen Ofen mit einem Schornstein, durch den der Rauch direkt ins Freie ziehen konnte. Die Häuser waren jetzt nicht mehr so verqualmt. Auch die stickigen Alkoven wurden abgeschafft. Stattdessen gab es offene Betten, wie ihr sie auch zu Hause habt. Diese Vor-

Schlafzimmer in einem Kolonistenhaus im Emsland Moormuseum

schriften wurden gemacht, damit die Menschen nicht mehr so oft krank wurden und sich auch nicht mehr so leicht gegenseitig anstecken konnten. Der Stallteil war nun deutlich größer. Die Siedler hatten jetzt mehr Vieh, und auch ihre Geräte fanden im Stall Platz.
Dieser Ablauf der Urbarmachung des Moores war typisch für den nordwestdeutschen Raum, wo sehr viel Torf abgebaut wurde. In anderen Teilen Niedersachsens und Deutschlands ist sie teilweise etwas anders abgelaufen.

Extraportion Wissen für Profis: Woher kommt der Spruch „ins Fettnäpfchen treten"?

Unter dem Dach hängte man Fleisch, Wurst, Speck und Schinken zum Räuchern auf. Während des Räucherns tropfte Fett heraus. Damit das Fett nicht auf den Boden tropfte, stellte man kleine Schüsseln auf. Wenn nun jemand im Dunkeln zum Plumpsklo musste, rief man: „Pass auf! Tritt nicht ins Fettnäpfchen!"

9. Die Moorbrandkultur

Holzstich von DEIST im Emsland Moormuseum

Die Moorbrandkultur ist die älteste und einfachste Methode, aus dem Moor Ackerland zu machen. Auf diese Art und Weise arbeiteten die armen Familien im Moor, denn hierfür brauchte man keine teuren Maschinen.

WIE FUNKTIONIERTE DIE MOORBRANDKULTUR?

Zunächst wurde die oberste Schicht mit den Pflanzen entfernt, bis man auf Torf stieß. Da die Torfschicht sehr nass war, musste sie zunächst entwässert werden. Dafür legte man alle 50 bis 60 Schritte einen Graben an. Dazwischen wurden noch mehrere kleinere Gräben gezogen, sodass das Wasser möglichst gut abfließen konnte. War die obere Torfschicht trocken, hackte man sie möglichst tief ein. Dabei entstanden große Brocken, die man „Schollen" nennt. Diese Schollen ließ man den Winter über auf dem Feld liegen.

Im Frühjahr begann dann das Moorbrennen. Die Schollen wurden angezündet und anschließend über das ganze Feld geworfen. Der Moorbrenner trug dabei dicke schwere Holzschuhe. In der Hand hielt er eine alte langstielige Pfannkuchenpfanne, die am Boden ganz viele Löcher hatte. Mit dieser Pfanne verteilte er die glimmenden Moorbrocken.
Mehrere Tage brannte der Acker vor sich hin. Dicke Rauchschwaden erfüllten die Luft. Man konnte den Himmel kaum sehen und nur schwer atmen. Irgendwann erlosch das Feuer von selbst, da der Boden in der Tiefe sehr feucht war.

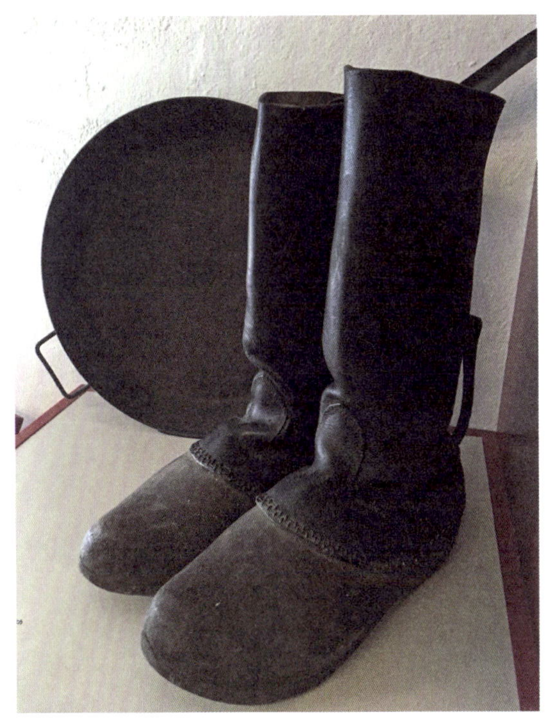

Stiefelholzschuhe und Bratpfanne im Moor- und Fehnmuseum Elisabethfehn

FRUCHTBARER BODEN

Wenn das Feuer erloschen war, bedeckte fruchtbare Moorasche den Boden. Die Asche war ein natürlicher Dünger.
Man ließ die Asche abkühlen und säte dann Buchweizen hinein. Drei Jahre hintereinander konnte man so dort Buchweizen anbauen und zwei bis drei weitere Jahre noch Hafer oder Roggen.
Danach war die Erde ausgelaugt. Das Feld musste nun 30 Jahre liegenbleiben, bis dort wieder etwas wachsen konnte. Die Moorsiedler mussten wieder ein neues Feld anlegen.

10. Der Buchweizen

Blühender Buchweizen

Für die Siedler im Moor war der Buchweizen die wichtigste Pflanze. Er ist sehr anspruchslos und gedeiht auch auf Moor-, Torf- und Heideflächen. Er wächst sehr schnell und kann schon nach wenigen Wochen geerntet werden. Leider ist er sehr frostempfindlich. Für die Moorbauern hieß das, dass sie nicht zu früh säen durften. Fror es nachts noch einmal, erfroren die jungen Pflanzen, und die ganze Ernte war verdorben.

SAAT UND ERNTE

Da der Buchweizen so kälteempfindlich ist, säten die Moorsiedler im Juni die Samen in die noch warme Asche des abgebrannten Moores. Schon im September konnte geerntet werden. Der Buchweizen wurde früher mit einer Sense gemäht. Er wurde morgens geschnitten, wenn

Dreschflegel

er noch feucht war, da aus den feuchten Ähren die Körner nicht so leicht herausfielen.
War alles abgeerntet, breitete man die Pflanzen auf dem Boden aus. Dann schlug man mit Dreschflegeln auf die Ähren ein, und die Körner fielen heraus. Danach wurde das Stroh entfernt und die Körner zusammengefegt. Sie wurden gereinigt und die harten Schalen entfernt. Schließlich konnte man aus den Körnern Mehl mahlen.

Heute gibt es „Bookweeten Jan Hinnerk"

„Bookweeten Jan Hinnerk" war ein typisches Gericht für arme Leute. Die Moorsiedler haben es sehr oft gegessen. Es handelt sich dabei um einen Pfannkuchen aus Buchweizenmehl, der mit Speck gebraten wird. So war der Pfannkuchen sehr nahrhaft und machte schnell satt.
Aus dem Buchweizen haben die Siedler auch Grütze gekocht, das ist ein Getreidebrei. Brote wurden ebenfalls aus dem Mehl gebacken. Heute verarbeitet man das Mehl auch noch zu Buchweizentorte. Wenn man die Körner in einer Pfanne kurz anröstet, schmecken sie sehr gut im Müsli oder im Salat.

Buchweizenpfannkuchen

Extraportion Wissen für Profis: Kein Weizen, wie er im Buche steht

Obwohl im Buchweizen das Wort „Weizen" steckt, ist er kein Getreide. Er ist ein Knöterichgewächs und stammt ursprünglich aus der Mongolei. Buchweizen kann aber genau wie Getreide verwendet werden.

Man nennt ihn Buchweizen, weil seine vier bis sechs Millimeter großen Früchte wie kleine Bucheckern aussehen.

Gärtnern: Buchweizen im Blumentopf aussäen

Nimm einen Blumentopf und befülle ihn mit Aussaaterde oder ganz normaler Erde aus dem Garten. Stecke nun ein paar Buchweizensamen einen Zentimeter tief in die Erde. Jetzt begieße den Topf mit ein wenig Wasser und stelle ihn auf die Fensterbank. Du musst den Topf nun regelmäßig, aber nicht zu stark, gießen. Nach ein paar Tagen sprießen die ersten Pflanzen. Wenn der Buchweizen blüht, kannst du ihn nach draußen stellen. Die Insekten werden sich freuen!

Wir backen Buchweizenpfannkuchen!

Für 4 Portionen brauchst du:

250 Gramm Buchweizenmehl
500 Milliliter Wasser
1 Esslöffel Salz
1 Esslöffel Öl
1 Ei
12 Scheiben gestreiften Speck
Butter zum Braten

Gib zuerst das Mehl in eine Schüssel. Füge Salz, Öl, das Ei und 250 Milliliter Wasser hinzu. Rühre alles mit dem Mixer gut durch. Dann weitere 250 Milliliter Wasser hinzugeben und mindestens fünf Minuten auf höchster Stufe rühren.

Nun muss der Teig zwei Stunden ruhen. Danach wird er noch einmal gut durchgerührt. Dann gib Butter in die Pfanne und brate zwei bis drei Scheiben Speck kurz an. Nun füge etwas Teig hinzu. Schwenke die Pfanne so, dass der Teig den ganzen Boden bedeckt. Nach kurzer Zeit wird der Teig gewendet und auch auf der anderen Seite gebacken.

Die Moorsiedler haben ihren Buchweizenpfannkuchen gern mit Sirup, Apfelmus oder Preiselbeeren gegessen.

Guten Appetit!

11. Die Fehnkultur

Die Fehnkultur ist eine weitere Art, das Moor zu kultivieren. Sie entwickelte sich ursprünglich in Holland. Die älteste Fehnsiedlung in Deutschland ist Papenburg, sie wurde 1630 gegründet.
Die wichtigste Voraussetzung für eine Fehnsiedlung war ein Fluss. Von diesem Fluss aus wurde ein breiter Kanal in das Moor gegraben. Der Kanal entwässerte das Moor. Das bedeutet, dass das Wasser aus dem nassen Moor in diesen Kanal floss. Außerdem musste der Kanal schiffbar sein, also groß genug, dass Schiffe darauf fahren konnten.
Der Kanal war nämlich der wichtigste Verkehrsweg, denn in den Mooren gab es keine Straßen. Mit Schiffen wurde der Torf abtransportiert. Auf dem Rückweg brachten die Schiffe dann alle Dinge mit, die die Kolonisten zum Leben brauchten.

Wieke mit Torfkahn

Von dem breiten Hauptkanal zweigten viele kleinere Kanäle ab, die sogenannten Wieken. Rechts und links von diesen teilte man die Moorfläche in Kolonate ein. So nannte man das Land, das die Siedler pachteten.
War genug Wasser aus dem Moor in den Kanal geflossen, wurde der Moorboden fester. Erst jetzt konnten die Siedler mit dem Torfstechen beginnen. Zuerst bauten sie den Torf an der Kanalseite ab. Auf der abgetorften Fläche errichteten sie dann ihre Hütten. So entstanden an beiden Seiten des Kanals Häuser, die sich aneinanderreihten wie Perlen auf einer Schnur. Das kann man in diesen Orten heute noch sehr gut erkennen.

Modell einer Fehnsiedlung im Fehn- und Schifffahrtsmuseum Westhauderfehn

Die Kolonate waren sehr klein. Sie reichten nicht aus, um eine Familie zu ernähren. Deswegen mussten die Siedler noch etwas dazuverdienen. Sie stachen Torf und verkauften ihn als Brennstoff in den Städten. Der Torf wurde auf Torfkähnen in die Stadt transportiert. Das war Aufgabe der Männer. Die harte Arbeit zu Hause erledigten solange die Frauen und Kinder. Sie vermischten den Weißtorf mit Sand. Nun konnten sie darauf Buchweizen und Kartoffeln anbauen. Auch um die Tiere mussten sie sich kümmern. Die meisten Siedler hatten Hühner, Ziegen und Schafe.

Extraportion Wissen für Profis: Was dir Namen verraten

Die Bezeichnung „Fehn“ stammt aus dem Holländischen, wo man als „Veen“ das Moor oder morastiges Land bezeichnet. In Ostfriesland und im Emsland gibt es viele Orte, deren Namen auf „-fehn“ enden, zum Beispiel: Elisabethfehn, Großefehn, Augustfehn, Friedrichsfehn und noch viele mehr. An dieser Endung kann man erkennen, dass die Orte durch die Fehnkultur entstanden sind.

12. Die Fehnschifffahrt

Torfkahn mit Ladung im Torf- und Siedlungs- museum Wiesmoor

Holz war überall knapp, besonders aber in den Städten. Dabei wurde es dringend als Brennstoff gebraucht. Die Siedler begannen deshalb, den getrockneten Torf zu verkaufen. Für den Transport benötigten sie aber Schiffe. Die armen Siedler hatten jedoch kein Geld, um sich ein Schiff zu kaufen. Deswegen mussten sie sich ein „Schiffstaxi" mieten. Dafür bezahlten sie Schiffer, die den Torf mit in die Städte nahmen und dort verkauften. Deswegen sparten die Siedler ihr ganzes Geld und kauften sich möglichst schnell ein eigenes Schiff. Es entstanden mehrere kleinere Schiffswerften an den Kanälen, in denen diese Schiffe gebaut wurden.

DIE SCHIFFSTYPEN

Es gab damals drei verschiedene Schiffstypen: Tjalken, Poggen und Mutten. Alle drei Schiffe sind Plattbodenschiffe und haben keinen Kiel. Wie der

Schiff mit Seitenschwert im Torf- und Siedlungsmuseum Wiesmoor

Name schon sagt, sind sie unten platt, deshalb haben sie nur einen geringen Tiefgang und eignen sich sehr gut, um damit auf den flachen Kanälen zu fahren. Das wichtigste Erkennungsmerkmal dieser Schiffe sind die Seitenschwerter links und rechts an den Bordwänden. Da die Schiffe keinen Kiel haben, driften sie leicht ab. Um das zu verhindern, werden die Seitenschwerter eingesetzt. Sie ersetzen den Kiel.

Poggen und Mutten befuhren hauptsächlich die kleineren Kanäle. Tjalken waren größer. Mit ihnen konnte man auch auf der Nordsee fahren.

TREIDELN

Stromaufwärts mussten die Schiffe von Menschen oder Pferden gezogen werden. Das nennt man treideln. Dafür legte man neben dem Kanal einen Pfad an, den man Treidelpfad nannte. Die Schiffe wurden von einem Ufer aus gezogen.

Bronzene Treidelfigur in Papenburg

13. Mit Onno beim Torfstechen

Hallo, ich bin Onno! Meine Familie und ich sind Moorkolonisten. Stimmt es, dass du nicht weißt, wie das mit dem Torfstechen geht? Na, dann komm einfach mit. Ich zeige es dir. Beeil dich! Mein Vater, mein Onkel und meine große Schwester Gesa machen sich schon auf den Weg.

Es ist noch ganz schön früh. Die Sonne geht gerade auf, und der Nebel hängt noch über dem Moor. Pass auf, wo du hintrittst. Wenn man den schmalen Weg verlässt, kann man einsinken. Und mit den Holzschuhen muss man auch aufpassen.

Ich laufe ja lieber barfuß, aber hier im Moor kann man auch mal auf eine Kreuzotter treffen. Dann ist es besser, wenn man Schuhe anhat.

Fünf Kilometer sind es bis zu unserem Spitt. So heißt die Torfkuhle, wo wir heute Torf stechen wollen. Wir brauchen fast eine Stunde, bis wir da sind. Gut, dass Vater unser Werkzeug schon gestern ins Moor gebracht hat. Zusammen mit meinem Onkel hat er dort schon alles vorbereitet.

Hütte aus Birken und Heideplaggen in der Van-Velen-Anlage Papenburg

Zuerst haben sie das Stück Moorland mit einer Schnur abgesteckt. Dann haben sie die oberste Schicht abgetragen. Das nennt man auch abbunkern. Die oberste Schicht besteht aus Weißtorf und den Pflanzen, die darauf wachsen. Der Weißtorf brennt ganz schlecht. Wir verwenden ihn als Einstreu für den Pferdestall. Der Torf saugt den Kot und Urin gut auf und hat auch eine desinfizierende Wirkung. Unter dem Weißtorf kommt der Schwarztorf. Den wollen wir heute stechen.

Gleich sind wir da. Siehst du da die kleine Hütte aus Birken und Heideplaggen? Die gehört uns. Darin lagern wir unser Werkzeug. Wenn die Sonne sehr stark brennt, verbringen wir auch unsere Pausen in der Hütte.

Stiefelholzschuhe

Vater zieht sich jetzt Stiefelholzschuhe an. Da unten in der Torfpütte steht immer ganz viel Wasser. Mein Onkel braucht die nicht. Er wird den Torf von oben stechen. Siehst du die beiden Karren? Die sind für Gesa und mich. Komm, es geht los!

Mein Onkel sticht jetzt mit dem Sticker den Torf in Stücke. Jedes Torfstück muss dieselbe Größe haben: 30 x 10 x 10 Zentimeter. Ein Maßband braucht er dafür nicht. Die Klinge des Stickers ist genauso lang und hoch wie eine Torfsode.

Mein Vater ist jetzt nach unten in die Torfpütte gestiegen. Von dort wird er mit dem Spaten die Torfsoden von unten lösen. Dann legt er sie oben am Rand auf das Brett. Das Brett verhindert, dass die Soden festkleben.

Das Stechen der Torfstücke von oben

Das Abstechen der Torfstücke von unten

Die Torfstücke werden auf die Torfkarre gelegt

Abkippen der Torfstücke auf dem Trockenfeld

Und nun kommt Gesa an die Reihe. Sie muss die Torfsoden vorsichtig auf die Karre legen. Das macht sie mit der Setzforke. So, nun ist die Karre voll, und ich muss sie zum Trockenfeld bringen. Kommt mit!

Das Schieben ist ganz schön anstrengend. Die Soden sind nass und schwer. Ich muss höllisch aufpassen, dass mir die Karre unterwegs nicht umkippt und alles runterfällt. Und trödeln darf ich auch nicht. Wenn Gesa die zweite Karre voll hat, muss ich wieder zurück sein. Wir schaffen am Tag ungefähr 5.000 Soden.

Das ist unser Trockenfeld. Hier kippe ich die Karre so, dass alle Soden runterrutschen und schön in einer Reihe liegen. Dabei muss ich darauf achten,

Gestukte Torfsoden

dass die Reihe nicht krumm und schief wird. Sonst schimpft mein Vater.

Geringte Torfsoden

Hier bleiben die Soden nun drei bis vier Wochen liegen. Sie trocknen in der Sonne. Dann müssen wir sie noch einmal wenden, damit sie auch von der anderen Seite trocknen können. Das müssen wir Kinder machen.
Wenn dann wieder vier Wochen vorbei sind, werden die Soden gestukt. Das heißt, dass wir aus den Soden kleine Türmchen bauen. Dafür werden zwei Soden eine Handbreit voneinander entfernt auf die Erde gelegt. Die nächsten beiden Torfstücke werden quer darübergelegt. Fünf bis sechs solcher Schichten hat jeder Turm. Durch diese Türmchen kann der Wind gut hindurchwehen und die Soden so trocknen. Mein Vater sagt immer: „Es muss ein Vogel durchfliegen können."
Das Stuken machen auch wir Kinder. Wir müssen dann in den nächsten Wochen die Türme mehrmals umschichten. Einen Monat später werden die Torfsoden dann geringt. Dazu stapeln wir die Soden ringartig zu großen Haufen auf. Die Ringe laufen nach oben spitz zu. Dann kann der Regen gut ablaufen, und die Soden saugen sich nicht wieder mit Wasser voll. Bei dieser Arbeit hilft uns unsere Mutter immer.
Im Herbst ist der Torf richtig trocken. Dann können wir ihn nach Hause holen. Das machen wir mit dem Pferdewagen. Es ist immer eine aufregende Geschichte. Unser Pferd ist noch ganz jung und ein wenig nervös. Wenn es nur einen falschen Schritt macht, sackt es im Moor ein. Dann wird es immer richtig panisch, und es ist gar nicht so einfach, es da wieder rauszukriegen. Damit das Pferd im moorigen Boden nicht mit den Hufen einsackt, bekommt es Schuhe an. Das glaubt ihr nicht? Da hinten kommt meine Mutter mit meiner kleinen Schwester Meta. Die beiden bringen unser Mittagessen. Ich sag Meta, dass sie euch die Schuhe für die Pferde und die Arbeitsgeräte zeigen soll. Aber erst wollen wir essen. Meine Mutter hat Buchweizenpfannkuchen gebacken. Die sind vielleicht lecker!

Extraportion Wissen für Profis: Warum man Torf mit Füßen tritt

Herstellung von Backtorf

Manchmal konnte man das Moor nicht richtig entwässern. Dann hob man den flüssigen Torf mit Eimern aus der Grube. Der Torfschlamm wurde auf dem Trockenplatz gleichmäßig verteilt. Dort wurde er dann gepettet (getreten). Es wurde so lange mit den Füßen auf dem Schlamm getrampelt, bis das meiste Wasser herausgepresst war. Der Torf blieb dann zum Trocknen liegen. Danach wurde er in Soden geschnitten. Man nannte diese Soden Backtorf. Der Backtorf heizte ganz besonders gut.

14.

Meta erklärt die Arbeitsgeräte zum Torfstechen

Ich bin Meta. Onno meint, ich soll euch mal erklären, wie unsere Arbeitsgeräte heißen.

Dies hier ist der Sticker. Du kannst auch Stecher dazu sagen. Das ist ein Spaten mit einem sehr langen Stiel. Das Blatt von dem Spaten ist genauso breit und hoch wie eine Torfsode. Dadurch haben nachher alle Torfstücke dieselbe Größe. Das Blatt ist aus Eisen und muss regelmäßig geschärft werden. Mit diesem Gerät wird von oben der Torf abgestochen.

Das daneben ist ein Eenkrieger. So nennen wir den Torfspaten in unserer Gegend. Woanders heißt er auch Oplegger. Bei diesem Spaten ist nur die untere Kante aus Eisen, die restliche Fläche ist aus Holz. An dem Holz bleibt der Torf nicht kleben. Außerdem wäre ein Spaten ganz aus Eisen viel zu schwer zum Arbeiten. Mit dem Torfspaten hat man die Torfstücke von unten abgelöst und nach oben auf das Brett gelegt.

Ein Tweekrieger funktioniert genauso wie der Eenkrieger. Er ist nur breiter. Mit ihm kann man immer gleich zwei Torfstücke ablösen.

Das dritte ist die Settförk. In unserer Gegend nennen wir sie auch Setzforke. Sie hat kurze gebogene Zinken. Mit ihr werden die Torfsoden auf die Torfkarre gesetzt.

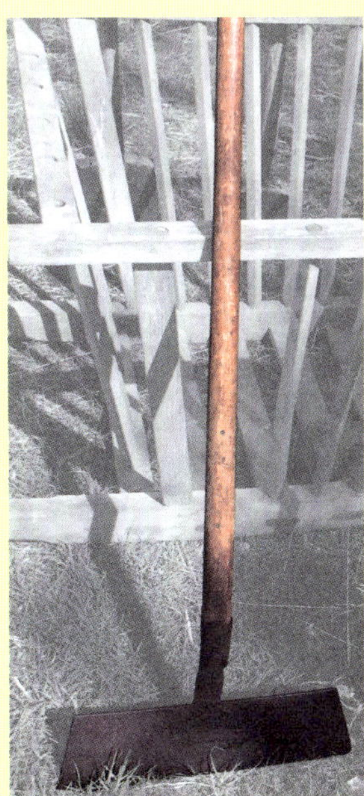

Sticker (l.), Eenkrieger (m.), Settförk (r.)

Die Torfkarre kennt ihr ja schon. Damit fährt man den Torf zum Trockenfeld.

Torfkarre

Das ist eine Torfkreite. Diesen Korb brauchen wir erst später. Wenn der Torf getrocknet ist, tragen wir ihn darin zum Pferdewagen. Der Korb wird von zwei Männern getragen.

Torfkreite

Und das sind unsere Pferdetrippen. Das sind Holzschuhe für unser Pferd. Die bekommt es unter die Hufe gebunden. Damit sackt das Pferd nicht so leicht im sumpfigen Boden ein.

Pferdetrippen

Die deutsche Hochmoorkultur

15.

Justus von Liebig

Es war sehr aufwendig, jedes Jahr das Moor abzubrennen. Außerdem beschwerten sich immer mehr Menschen über diese Methode, denn wochenlang zog eine stinkende Rauchwolke über das Land bis in die Städte.
1840 erfand Justus von Liebig den Kunstdünger. Dieser Dünger wurde auch im Moor eingesetzt. Man entwickelte die Hochmoorkultur.

WIE FUNKTIONIERT DIE HOCHMOORKULTUR?

Auch für die Hochmoorkultur muss das Moor zunächst entwässert werden. Dafür wurden alle 20 Meter Gräben gezogen. Der Torf musste nicht mehr abgebaut werden – er wurde auch nicht mehr so dringend benötigt. Die Steinkohle hatte ihn inzwischen als Brennstoff ersetzt. Die Moorsiedler stachen nun lediglich Torf für den eigenen Bedarf.
Meist wurde nur noch die oberste Schicht entfernt. Dann gab man Kunstdünger und Kalk auf den Weißtorf. So wurde der Boden verbessert. Jetzt konnten sogar Kartoffeln auf dem Moorboden angebaut werden.

16. Die Sandmischkultur oder: Was macht das Mammut im Moor?

Nach dem Zweiten Weltkrieg setzte man riesige Maschinen in den Mooren ein, in denen die Torfschicht nicht mehr so dick war. Dort wurde mit großen Pflügen das Moor aufgerissen. Dabei wurde die Sandschicht unter dem Torf nach oben geholt und mit dem Torf vermischt. Auf dieser Mischung aus Torf und Sand wurden dann neue Wiesen und Äcker angelegt.
Die Pflüge, die man brauchte, um den Boden zu bestellen, waren mehrere Meter hoch und unglaublich schwer. Ein Pflug wog 30 Tonnen – das ist so viel wie sechs Elefanten zusammen!

Mammutpflug der Firma Ottomeyer

Das Rad eines Mammutpfluges

Moorpflug, von einer Dampflokomobile gezogen

Diesen Giganten nannte man deshalb Mammut. Es war der größte Moorpflug der Welt. Er konnte bis maximal 2,20 Meter tief pflügen und wurde von vier starken Dampflokomobilen über das Moor gezogen.
Mit diesen Maschinen konnte man in kurzer Zeit sehr große Flächen bearbeiten. Das ist der Grund, warum es heute kaum noch unberührte Moore gibt.

17. Wozu braucht man Torf?

HEIZMATERIAL

Offene Feuerstelle mit Kessel

Bis 1900 war Torf ein begehrtes Heizmaterial. In vielen Häusern gab es offene Feuerstellen, über denen Kessel hingen. Als später die ersten Herde gebaut wurden, wurden sie ebenfalls noch mit Holz oder Torf befeuert. Im Moor gab es keine Bäume, aus denen man Feuerholz hätte machen können, und auch in vielen anderen Gegenden war das Holz knapp. Deswegen heizte und kochte man mit Schwarztorf. Wenn er trocken war, brannte er sehr gut.

Im Winter mussten die Kinder Torf mit in die Schule bringen. Damit wurde der Ofen im Klassenraum beheizt.

ENERGIEGEWINNUNG

Ab 1900 wurde Brenntorf in Kraftwerken verfeuert. So wurde Strom aus Torf gewonnen. Auch machte man Torfkohle aus Torf. Diese heizte besser als Torf und ließ sich besser verbrennen. Im Norden wurde auch Torfkoks aus Torf hergestellt. Ihn erhält man, indem man Schwarztorf unter Luftabschluss erhitzt. Torfkoks wird bei der Verhüttung von Metallen verwendet.

Torfkoks

BAUMATERIAL

Die ersten Siedler im Moor waren sehr arm. Sie hatten kein Geld, um sich Baumaterial zu kaufen. Sie mussten ihre Häuser aus dem Material bauen, das sie im Moor vorfanden. Da es im Moor aber kaum Bäume gab, bauten sie ihre Häuser aus Torfsoden.

Hütte aus Torfsoden in der Van-Velen-Anlage Papenburg

MOORBAD UND MOORPACKUNG

In der Medizin wird Torf noch heute genutzt. In speziellen Kliniken und Praxen kann man ein Moorbad nehmen oder eine Moorpackung bekommen. Der Torf erwärmt dabei den Körper nur langsam. Seine Inhaltsstoffe wirken sich positiv auf die Gesundheit aus.

GARTENBAU

Aus Torf werden verschiedene Produkte für den Garten hergestellt. Sie sollen den Boden im Garten verbessern. Diesen Torf nennt man Düngetorf. Der Düngetorf wird aus Weißtorf aus dem Hochmoor hergestellt. Das Hochmoor ist aber sehr nährstoffarm. Deshalb fügt man dem Düngetorf vor dem Verkauf Nährstoffe hinzu. Der Torf selbst ist also als Dünger völlig wertlos.

Dabei wird auch oft vergessen, dass sich Torf innerhalb von drei Jahren zersetzt. Diese Zersetzung führt dazu, dass der Boden sauer wird. Das vertragen viele Pflanzen nicht.

Dazu kommt, dass der Torf sehr viel Wasser speichert. Das Wasser steht den Pflanzen dann nicht mehr zur Verfügung.
Du siehst, dass es besser ist, auf Torf im Garten zu verzichten. Mit Torf schadet man den Pflanzen eher. Und auch für Pflanzen, die etwas sauren Boden mögen, gibt es heute torffreie Erden und Dünger.

TEXTILHERSTELLUNG

Wolle aus Torf

Aus Torffasern stellt man sogar Kleidung her. Leider ist es nicht möglich, einen reißfesten Faden aus Torf zu erzeugen. Deshalb verspinnt man die Fasern zusammen mit Wolle oder Seide. Der Anteil von Torf ist aber sehr gering. Die Torffasern sollen Schweiß und Geruch binden und wirken klimatisierend.

Moor-Archäologie

18.

Für die Archäologen ist das Moor eine riesige Schatzkiste. Wie ihr im Kapitel 3 schon erfahren habt, kann im Moor nichts richtig verrotten, da es so sauer ist. Deswegen kann man im Moor viele Funde aus längst vergangenen Zeiten machen.

WAS IST MOOR-ARCHÄOLOGIE?

Das Wort Archäologie kommt aus dem Griechischen und bedeutet übersetzt: die Lehre von dem, was alt ist. Diese Wissenschaftler suchen nach

Archäologin bei der Arbeit

Rekonstruierter Bohlenweg

Dingen, die von unseren Vorfahren übriggeblieben sind. Sie interessieren sich dafür, wie Menschen früher gelebt haben.

Wir wissen schon, dass Pflanzen, die ins Moor fallen, nicht richtig verrotten. Das gilt auch für alle anderen Dinge: Holz, Werkzeug, Schmuck, Kleidung und Leichen.

Die Moor-Archäologen untersuchen die Gegenstände, die die Menschen vor langer Zeit im Moor zurückgelassen haben. Dabei wenden die Archäologen ganz viele verschiedene Methoden an.

DIE POLLENKUNDE

Welche Pflanzen wuchsen hier in den letzten Jahrhunderten? Wie lange gab es sie hier? Diese Fragen beantwortet die Pollenkunde.

Wenn man Pollen untersuchen will, bietet das Hochmoor dafür hervorragende Verhältnisse. Das Moor ist über Jahrtausende gewachsen und hat dabei alle Pollen, die der Wind ins Moor geweht hat, eingeschlossen. Da man weiß, dass das Moor einen Millimeter im Jahr in die Höhe wächst, kann man genau bestimmen, wie alt die Pollen in den Moor-

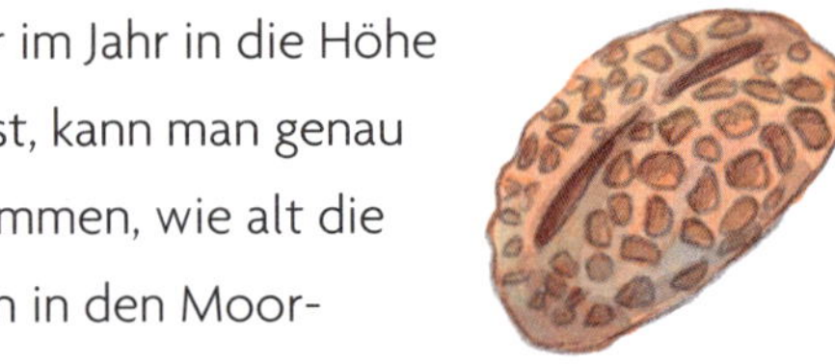

schichten sind. Liegen die Pollen zum Beispiel zehn Millimeter tief, liegen sie schon seit zehn Jahren dort. So können die Archäologen feststellen, welche Pflanze wann im Moor gewachsen ist.

VERGLEICH VON FUNDEN

Wenn ein Fundstück aus Stein oder Metall ist, lässt sich sein Alter relativ gut bestimmen. Die Forscher sehen sich an, wie die Funde bearbeitet wurden und was für Muster sie haben. Dann suchen sie im Archiv nach Funden, die so ähnlich aussehen und deren Alter sie schon kennen.

RHIZOPODEN-ANALYSE: UNTERSUCHUNG VON KLEINEN TIEREN

Im Torf finden sich kleine Tiere mit glänzenden Schalen. Man nennt sie „Wurzelfüßler". Einige dieser Tierchen leben in feuchten, andere in nassen Regionen. Je nachdem, welche Tiere man gefunden hat, weiß man, ob die Schicht eher nass oder eher feucht war.

RADIOKARBONMETHODE: DATIERUNG DURCH RADIOAKTIVITÄT

Mit dieser Methode kann man das Alter von Funden genau bestimmen. Alle Organismen nehmen, solange sie leben, Kohlenstoff, unter anderem das radioaktive C14, auf. Nach dem Tod zerfällt das C14 nur noch, und die Menge im Körper nimmt stetig ab. In einer bestimmten Zeit zerfällt eine bestimmte Menge – der Wert ist bekannt. Nach 5.730 Jahren ist nur noch die Hälfte vom C14 vorhanden. Man nennt das Halbwertzeit.

19. Funde im Moor

BOHLENWEGE

Als die Menschen noch nicht begonnen hatten, das Moor zu entwässern und Torf abzubauen, war das Moor sehr nass und sumpfig. Nur bei Frost, wenn der Boden gefroren war, konnten die Menschen das Moor gefahrlos betreten und befahren. Der Weg durch das Moor war oft wesentlich kürzer als der Weg außen herum. Deswegen überlegten die Menschen schon früh, wie sie Wege und Straßen durch das Moor bauen könnten.

Die einfachste Methode war ein Strauchweg. Es wurde einfach eine Schicht aus Sträuchern, Abfällen und Hölzern gelegt. Diese Wege waren aber sehr schmal. Sie hielten auch kein größeres Gewicht aus. Deswegen entwickelten die Menschen Konstruktionen aus leichten Hölzern. Diese vergrößerten die tragende Fläche und sanken deshalb nicht so schnell im Moor ein. Solche Holzwege wurden auch Bohlenwege genannt.

Die ältesten Holzwege stammen aus der Jungsteinzeit. Sie wurden um 4500 v. Chr. gebaut. Es waren einfache Pfahlwege aus Rundhölzern. Ab der Bronzezeit um 1300 v. Chr. wählte man komplexere Bauweisen. Jetzt wurde das Holz gespalten. So bekam man eine glatte Oberfläche, die nicht so holprig war. Es gab nun zwei verschiedene Arten des Wegebaus. Bei der einfacheren Bauweise waren die Bohlen am Ende gelocht und lagen auf langen Querhölzern. In den Löchern steckten lange Pflöcke. Sie sorgten dafür, dass die Bohlen nicht wegrutschen konnten.

Nachbau eines Bohlenweges in Wittemoor/ Berne

Bei der anderen Bauweise wurden hölzerne Pfeiler in den Moorboden gesteckt. Diese Pfeiler hatten oben ein Loch und sahen aus wie riesige Stopfnadeln. Durch das Nadelöhr wurden lange dünne Holzstangen geschoben. Auf diesen Stangen lagen dann die dicken Bohlen. Eine weitere Stange wurde darüber durch das Nadelöhr geschoben. So konnten die Bohlen nicht verrutschen.

Nachbau eines Bohlenweges in Wittemoor/Berne

Wahrscheinlich gab es Bautrupps. Sie zogen von Ort zu Ort und bauten dort Bohlenwege. Nur so lässt sich erklären, warum fast alle Bohlenwege gleich aussehen.
So ein Bau musste sehr gut geplant werden. Bevor man anfangen konnte, war das Material zu besorgen. Im Wald wurden dafür Bäume gefällt und gespalten. Gebaut werden konnte nur in der trockenen Jahreszeit. Für einen Weg brauchte man mehrere Jahre.
Das Befahren der Wege war sehr gefährlich. Die Wege waren zum Teil mit Heideplaggen abgedeckt. So konnte man die Fahrspur nur schwer erkennen. Wenn die Zugtiere vom Weg abkamen, kippte das ganze Fuhrwerk um. Deswegen geht man davon aus, dass sich die Fuhrleute von Lotsen führen ließen. Dafür spricht auch, dass die Archäologen an den Wegen befestigte Plätze mit Resten von Feuerstellen, Scherben und Gefäßen fanden. Vermutlich haben sich hier Lotsen abgelöst.
Die Moorwege waren Reise- und Handelswege. Bohlenwege konnten ungefähr 30 Jahre lang benutzt werden. Danach wurden sie von den Torfmoosen überwuchert.
Die Überreste der Bohlenwege kann man heute leider nur noch in Museen bewundern. Obwohl die hölzernen Fundstücke noch sehr gut aussehen, hat das Moor ihnen zugesetzt. Die Säure hat die Holzzellen ausgelaugt. Das Holz muss darum mit einer chemischen Lösung gefestigt und versiegelt

werden. Man sagt dazu: Es muss konserviert werden. Lässt man die Holzstücke einfach liegen, zerfallen sie an der Luft. Wissenschaftler haben aber auf einigen Lehrpfaden Bohlenwege nachgebaut, damit wir uns ein Bild davon machen können.

Extraportion Wissen für Profis: Die Hünenbrücke in der Wesermarsch

Die sogenannte Hünenbrücke ist der längste Bohlenweg in Deutschland, den man bisher gefunden hat. Er befand sich in der Wesermarsch und verband die Orte Loyerberg (Rastede) und Bardenfleth (Elsfleth) miteinander. Der Weg ist vor 2.700 Jahren gebaut worden und war 6,5 Kilometer lang. Wenn du diese Strecke ohne Pausen und ohne zu bummeln läufst, dann brauchst du dafür 1,5 Stunden. Für diesen Weg mussten 15.000 Eichen gefällt werden. Das sind 50 beladene Eisenbahnwaggons. Wahrscheinlich haben daran ungefähr 150 Personen vier Jahre lang gearbeitet.

KULTFIGUREN

Zwischen Oldenburg und Hude in Niedersachsen liegt das Wittemoor. Auch hier hat man einen Bohlenweg gefunden. Bei den Ausgrabungen stieß man auf zwei Holzfiguren. Sie standen auf beiden Seiten des Weges, sind aus

Nachbau der Kultfiguren in Wittemoor/Berne

Eichenholz und ungefähr einen Meter hoch. Leider weiß man nicht genau, was diese beiden Figuren bedeuten sollten. Die eine Figur könnte eine Frau darstellen und die andere einen Mann.
Haben die Figuren eine gefährliche Stelle angezeigt? Waren sie also Verkehrszeichen?
Vielleicht hat man die Figuren auch für kultische Rituale benutzt. Haben die Menschen hier ihren Göttern Opfer dargebracht?

WERKZEUGE

Wenn man sich die Bohlen der Wege genau ansieht, kann man noch Spuren der Bearbeitung erkennen. Die Bauarbeiter der Vorzeit benutzten zum Spalten der Bäume Beile. Die Schlagspuren sind noch an den Stämmen und Bohlen zu sehen. In der Steinzeit waren die Klingen der Beile aus Feuerstein. Später benutzten die Arbeiter Bronzebeile.
Sogar einen Zollstock hat man gefunden. Dabei handelt es sich um einen dünnen Stab. An seinem Ende sind zwei gleich breite Kerben eingeschnitzt.

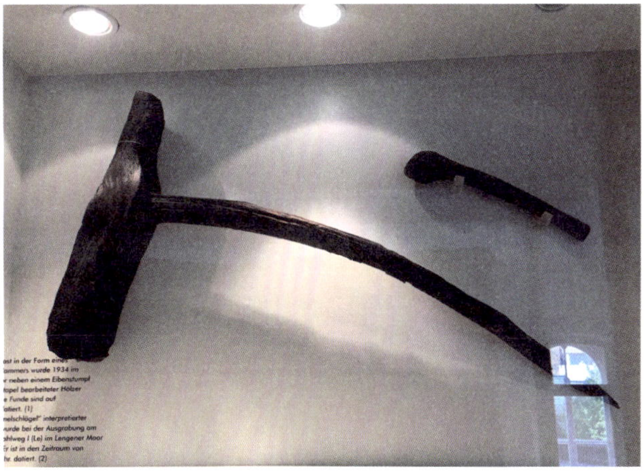

Axt im Landesmuseum Natur und Mensch in Oldenburg

HOLZRÄDER

In der Nähe der Bohlenwege findet man häufig Teile von Fuhrwerken. Diese Teile wurden nach einer Panne oder nach einem Unfall zurückgelassen. Ein solcher Fund sind die vier Scheibenräder von Glum. Sie wurden in der Nähe von Oldenburg, in der Gemeinde Wardenburg, gefunden.
Scheibenräder sind die ältesten Räder überhaupt. Sie haben eine geschlossene Radscheibe, die ein Loch für die Achse hat. Diese hier stammen aus der Bronzezeit und sind 3.500 Jahre alt.

Räder von Glum im Landesmuseum Natur und Mensch in Oldenburg

Modell eines Wagens, wie er vor 2.800 Jahren benutzt wurde, im Moor- und Fehnmuseum Elisabethfehn

Die Wagen waren komplett aus Holz. Wahrscheinlich wurden sie von Rindern gezogen, denn man hat zwischen den Bohlen Stückchen von Rinderhufen gefunden. Diese Hornstücke wurden beim Stolpern auf den holprigen Wegen von den Hufen abgerissen.

KLEIDUNG UND SCHMUCK

Auch Kleidung und Schmuck hat man im Moor gefunden. Sehr häufig hat man Bundschuhe entdeckt: Dabei wurde ein Stück Fell oder Leder unter den Fuß gelegt, dann wurden die Seiten hochgezogen und über dem Knöchel zusammengebunden. Im Vehnemoor bei Oldenburg wurde ein Prachtmantel gefunden. Das ist ein rechteckiges Stück Stoff mit einer bunten Webkante.

Der Stoff wurde an der Schulter mit einer Spange zusammengehalten. Die Spange nennt man Fibel.

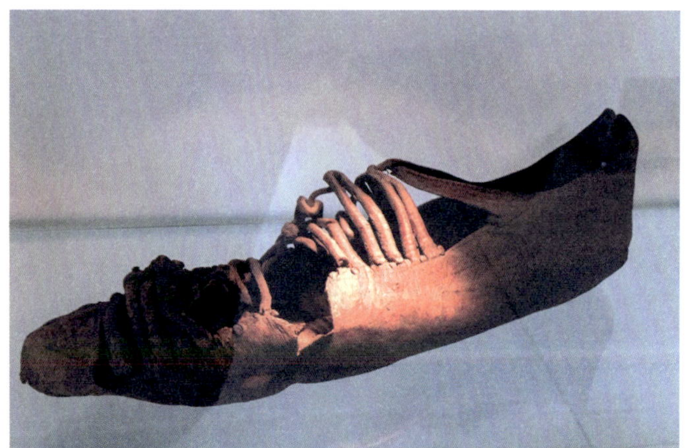

Bundschuhe im Landesmuseum für Natur und Mensch in Oldenburg

Nachgearbeiteter Prachtmantel im Landesmuseum für Natur und Mensch in Oldenburg (links)

Halsketten aus dem Lehmder Moor im Landesmuseum für Natur und Mensch in Oldenburg (rechts)

Eine Weberin hat mit alten Webgeräten versucht, diesen Mantel nachzuweben. Sie hat dafür 1.500 Stunden gebraucht. Dabei wurde festgestellt, dass man den Stoff so nur an einem Gewichtswebstuhl weben kann, bei dem die senkrechten Kettfäden von Gewichten nach unten gezogen werden. Wenn man versucht, etwas mit den Werkzeugen von damals nachzuarbeiten, nennt man das „experimentelle Archäologie“.
Schmuckstücke wurden auch ins Moor gelegt und den Göttern geopfert. Solche Funde, die keine Grabbeigaben sind, nennt man „Hortfunde“.

BIENENSTOCK

Die Menschen haben schon sehr früh begonnen, Bienen zu züchten. Das belegen von Menschen angefertigte Bienenbehausungen, sogenannte Klotzbeuten. Sie wurden aus einem ausgehöhlten Baumstamm hergestellt. Diese hier wurde im Vehnemoor bei Oldenburg gefunden. Sie ist rund 1.500 Jahre alt. Mit dem Honig haben die Menschen ihre Speisen gesüßt. Das Wachs der Honigwaben haben sie als Kaugummi verwendet.

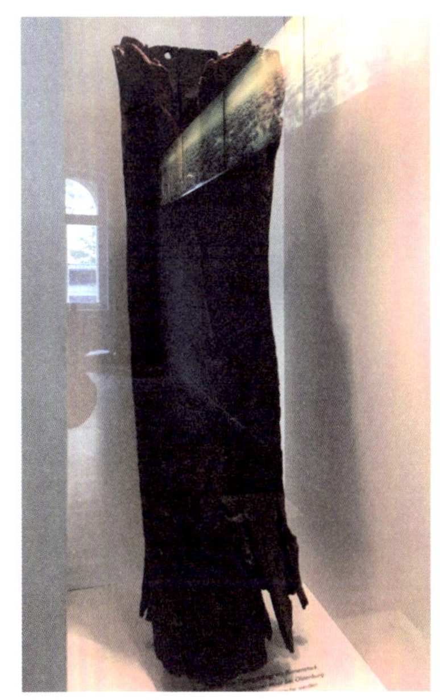

Klotzbeute im Landesmuseum für Natur und Mensch in Oldenburg

20. Moorleichen

Moorleiche von Husbäke im Landesmuseum für Natur und Mensch in Oldenburg

Besonders spannend sind natürlich die Moorleichen.
Wie viele von ihnen jemals gefunden wurden, vermag heute niemand mehr zu sagen. Die Literatur nennt Zahlen zwischen 200 und 2.000. Dass die Zahlen so stark variieren, hat verschiedene Gründe wie die Überlieferungsbedingungen, wissenschaftliche Fälschungen und die Zerstörung der Überreste.
Die meisten Moorleichen stammen aus Irland, Großbritannien, den Niederlanden, Dänemark und aus Deutschland. In Deutschland wurden die Moorleichen in Schleswig-Holstein und in Niedersachsen gefunden. Die ältesten Moorleichen sind aus der Jungsteinzeit (5500 bis 2200 v. Chr.), die meisten stammen aus der Eisenzeit (1200 bis 330 v. Chr.).
Für Wissenschaftler sind Moorleichen besonders interessant und von großem Wert. In der Jungsteinzeit und in der Eisenzeit haben die Menschen in Nordeuropa noch nichts aufgeschrieben und man hat die Toten meist verbrannt. Darum gibt es auch keine Skelette aus der Zeit, die man untersuchen könnte.
Wenn die Archäologen doch einmal ein Skelett finden, dann hat das selbstverständlich keine Gesichtszüge mehr, Moorleichen dagegen schon.

Bei einigen ist das Gesicht so gut erhalten, dass man sogar noch die Bartstoppeln erkennen kann.
Durch die Moorleichen haben Forscher Dinge herausgefunden, die wir sonst nie erfahren hätten. Zum Beispiel:

- wie groß, schlank oder dick die Menschen waren,
- wie ihre Frisuren und ihre Kleidung ausgesehen haben,
- was sie gegessen haben,
- ob sie eine Krankheit, Wunden, verheilte Knochenbrüche oder eine Behinderung hatten,
- und welche Gegenstände sie hergestellt haben.

Manchmal können die Wissenschaftler auch noch feststellen, warum diese Menschen gestorben sind und ob sie bereits tot oder noch lebendig ins Moor gelangt sind.

DER ZUSTAND DER MOORLEICHEN

Man kann Moorleichen nicht planmäßig suchen. Die meisten Moorleichen wurden zufällig beim Torfstechen gefunden. Wie gut sie erhalten sind, ist ganz unterschiedlich. Bei einigen Moorleichen kann man noch genau die Gesichtszüge erkennen. Von anderen Moorleichen ist nur noch die leere Körperhaut vorhanden oder nur noch das Skelett.

Der Tollund-Mann im Museum Silkeborg, Dänemark

Vieles bleibt im Moor sehr gut erhalten, zum Beispiel die Körperhaut, die Haare, Fingernägel, Zehennägel oder die inneren Organe. Manchmal findet man im Magen und im Darm sogar noch Essensreste.
Die Knochen und Zähne werden vom sauren Moorwasser entkalkt. Sie behalten aber ihre Form. Kleidung aus Baumwolle

und Leder bleibt auch sehr gut erhalten, Sachen aus Leinen dagegen lösen sich auf. Bei einigen nackten Moorleichen weiß man daher nicht sicher, ob sie schon nackt im Moor abgelegt wurden oder ob sich ihre Kleidung aufgelöst hat.

In dem Moment, in dem die Moorleichen im Moor gefunden werden, ist ihre Haut noch weich wie Leder. Das liegt daran, dass sie wassergesättigt ist, das heißt, dass jede Pore mit Wasser gefüllt ist. Wird diese Moorleiche aus dem Moor herausgenommen, trocknet sie sehr schnell ein. Ihre Haut nimmt dann eine andere Farbe an und wird bräunlich bis schwarz. Tut man nichts für die Konservierung, verschimmeln oder verwesen die Moorleichen.

KONSERVIERUNG VON MOORLEICHEN

Früher hat man die Moorleichen in Öfen getrocknet und mit Gerbstoffen bearbeitet. Danach wurden sie mit Ölen und Teerstoffen behandelt. Leider hat sich dabei der Körper sehr stark verändert. So sehen viele Moorleichen in Museen ganz anders aus als bei ihrem Fund.

Heute werden Moorleichen oft gefriergetrocknet. Sie werden dabei mit einem chemischen Mittel namens Polyethylenglykol (PEG) durchtränkt, damit sie nicht so stark schrumpfen. Wenn die Moorleiche mit diesem PEG getränkt wird, füllt es die Stellen aus, die vorher das Wasser eingenommen hat.

Kiste mit Torf und Wasser von der Fundstelle des Grauballemannes im Moesgaard Museum, Dänemark

Auch gibt es Versuche, die Moorleichen unter den gleichen Bedingungen wie im Moor zu lagern. Sie werden dann gekühlt und in Torf und Wasser von der Fundstelle aufbewahrt.

Leider wurden auch beim Bergen der Moorleichen häufig Fehler gemacht. Viele Leichen wurden in der ersten Hälfte des letzten Jahrhunderts gefunden; meist wurden sie von Torfstechern entdeckt. Diese wussten gar nicht, was für einen Schatz sie da gefunden hatten und wie man mit solchen Fundstücken richtig umgehen musste. Dazu kam noch, dass es damals kaum Telefonanschlüsse gab. Das Handy war noch nicht erfunden, daher konnten die Torfstecher auch niemanden um Rat fragen. So gruben sie die Leichen einfach aus und legten sie beiseite. Dabei wurden viele stark beschädigt. Oftmals dauerte es noch Tage, bis ein Wissenschaftler von der Moorleiche erfuhr und sich um sie kümmern konnte. In einigen Fällen waren die Moorleichen dann schon geplündert worden. Schaulustige hatten einfach Fetzen von der Kleidung und sogar Fingernägel als Andenken mitgenommen.

Extraportion Wissen für Profis: Warum haben Moorleichen rote Haare?

Moorleiche von Husbäke im Landesmuseum für Natur und Mensch in Oldenburg

Ist dir schon aufgefallen, dass alle Moorleichen leuchtend rote Haare haben? Daran sind die Torfmoose schuld. Wenn sie im sauren Moorwasser zerfallen, entstehen dunkel gefärbte Gerbstoffe und Huminsäuren. Diese wirken wie ein Färbemittel.

WAS MACHT DIE MOORLEICHE IM KRANKENHAUS?

Der Computertomograph ist so etwas Ähnliches wie ein Röntgengerät, kann aber nicht nur Bilder von Knochen, sondern auch von allen anderen Körperstrukturen machen. Damit kann man Moorleichen genau untersuchen, ohne sie zu zerstören. Das Gerät macht sehr viele Aufnahmen. Diese werden dann vom Computer zu einem Bild zusammengesetzt.
Mit den Aufnahmen können Wissenschaftler nicht nur Geschlecht, Alter und Krankheiten bestimmen, sondern sogar das Gesicht nachformen. Dabei gibt es jedoch Ungenauigkeiten, denn Fett und Muskeln sind im Moor nicht erhalten geblieben.

Rekonstruiertes Gesicht des Mannes von Husbäke im Landesmuseum Natur und Mensch in Oldenburg

EIN KRIMI IM MOOR

Bei einigen Moorleichen lässt sich feststellen, wie die Menschen ums Leben gekommen sind. Manche sind an Krankheiten gestorben, andere wurden umgebracht. Es gibt auch die Vermutung, dass Menschen den Göttern im Moor geopfert wurden.
Die Wissenschaftler können auch genau feststellen, auf welche Art und Weise der Mensch umgebracht wurde: Ob er erhängt, erstochen, erwürgt, erschlagen oder erstickt wurde.

Berühmte Moorleichen in Deutschland und Dänemark

21.

DER TOLLUND-MANN

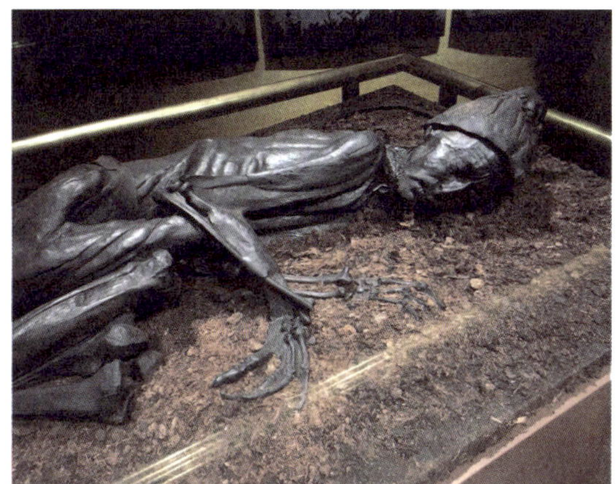

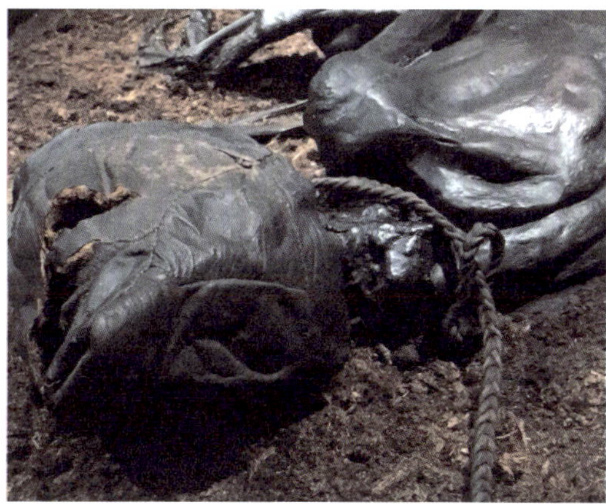

Die berühmteste Moorleiche ist der über 2.000 Jahre alte Tollund-Mann. Er wurde 1950 in einem Moor bei Silkeborg in Dänemark gefunden und kann heute im dortigen Museum besucht werden. Seine Gesichtszüge sind so gut erhalten, dass man denken könnte, er würde nur schlafen. Sogar die Bartstoppeln kann man noch erkennen. Von seiner Kleidung ist nur eine Lederkappe erhalten – vielleicht trug er aber auch gar nichts mehr.
Der Tollund-Mann starb durch Erdrosseln. Bis heute hat er noch die Schlinge um den Hals. Archäologen vermuten, dass er dem Gott Thor geopfert wurde.

Der Tollund-Mann hat eine Schlinge um den Hals

DIE ELLING-FRAU

Eine weitere Moorleiche aus Silkeborg ist die Elling-Frau. Als sie starb, war sie ungefähr 30 Jahre alt. Auch bei ihr vermutet man, dass sie erhängt oder erwürgt und dann den Göttern geopfert wurde. Man konnte an ihrem Hals Würgemale erkennen. Das Besondere an dieser Moorleiche ist die

Flechtfrisur der Elling-Frau im Museum Silkeborg, Dänemark

komplizierte Flechtfrisur, die noch sehr gut erhalten ist. Die Elling-Frau war mit einem Umhang aus Schaffell bekleidet.

DAS KIND VON WINDEBY

Kind von Windeby

Im Jahr 1952 fanden Torfstecher im Moor bei Windeby in Schleswig-Holstein eine Moorleiche. Man stellte fest, dass dieser Mensch zwischen 41 und 118 n. Chr. gelebt haben muss. Da die Moorleiche sehr zierliche Knochen hatte, ging man davon aus, dass es sich um ein Mädchen handelte.

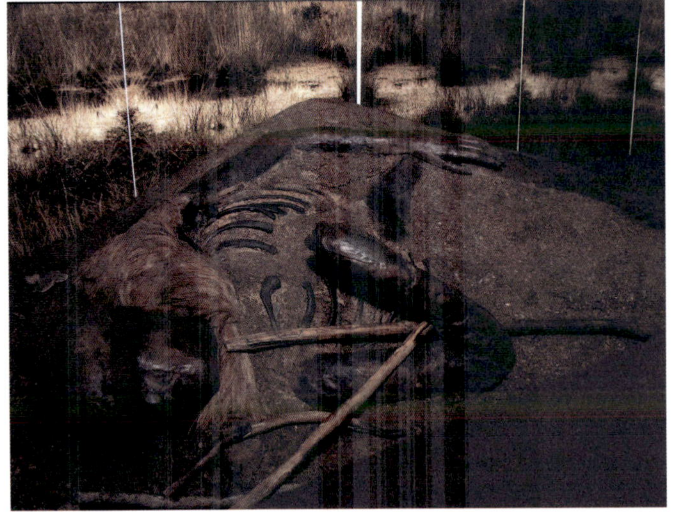

Deswegen bekam sie auch zunächst den Namen „Mädchen von Windeby". Sie trug eine Augenbinde. Wurde sie hingerichtet? War sie vielleicht eine Ehebrecherin? Darauf könnte auch ihre Frisur hindeuten: Die eine Seite des Kopfes war kahlgeschoren.

Neuere Untersuchungen haben aber ergeben, dass es die Leiche eines Jungen ist. Wahrscheinlich

ist er im Alter von 14 Jahren verstorben. Der Junge war so zierlich, weil er elfmal in seinem Leben stark an Hunger litt.
Schließlich stellte sich auch heraus, dass der Junge nicht hingerichtet worden war. Er hatte eine schwere Kieferentzündung gehabt und war verhungert. Bei der Augenbinde handelt es sich vermutlich um ein verrutschtes Kopfband. Diese Moorleiche befindet sich heute im schleswig-holsteinischen Landesmuseum Schloss Gottorf.

DER ROTE FRANZ

Der Rote Franz wurde 1900 im Bourtanger Moor bei Meppen im Emsland gefunden. Wahrscheinlich hat er im 3. oder 4. Jahrhundert n. Chr. gelebt. Bei ihm handelt es sich um einen erwachsenen Mann. Das ließ sich leicht an den Bartstoppeln erkennen. Es gibt viele Vermutungen, wieso der Mann sterben musste. Eine ist zum Beispiel, dass er ein Menschenopfer der Germanen war und als Kriegsgefangener ohne Beifunde geopfert wurde. Leider wird es bei Vermutungen bleiben. Getötet wurde der Mann durch einen Schnitt in die Kehle. Seine Beinknochen wiesen Verformungen auf,

Der Rote Franz im Niedersächsischen Landesmuseum in Hannover

weshalb die Wissenschaftler davon ausgehen, dass er viel geritten ist. War er ein Reitersoldat?

Den Spitznamen „Roter Franz“ bekam er, weil das Moor auch seine Haare fuchsrot gefärbt hatte. Er ist heute im Niedersächsischen Landesmuseum in Hannover zu besichtigen.

Extraportion Wissen für Profis: Göttliche Geschenke

Die Menschen hielten die Moore früher für den Wohnort von Geistern und Göttern. Wenn sie den Göttern danken oder sie um etwas bitten wollten, brachten sie ihnen Geschenke. Diese Geschenke nennt man Opfer. Das konnten Gegenstände, Nahrung, Tiere oder auch Menschen sein. Ganz schön gruselig!

Spohlenser Moor

Kann man wirklich im Moor versinken?

22.

Ein Mensch kommt im Moor vom Weg ab. Sofort beginnt er, im Moor zu versinken. Je mehr er sich bewegt, desto schneller sinkt er ein. Zum Schluss schaut nur noch eine Hand heraus. Solche Geschichten hast du bestimmt auch schon einmal gehört oder in Filmen gesehen.

Oft wird das Moor als geheimnisvoll und gefährlich dargestellt. Man darf nicht vom Weg abkommen, sonst versinkt man und verschwindet spurlos. Aber ist da etwas Wahres dran? Schließlich hat man ja auch etliche Moorleichen gefunden!

Das Problem ist, dass der Moorboden sehr trügerisch ist. Das Moor ist weder Wasser noch Land. An trockenen Stellen ist das Moor fest und stabil. Dann gibt es Stellen, an denen sich mehr Wasser gesammelt hat. Der Moorboden federt, und es fühlt sich an, als liefe man auf Wackelpudding. Hier ist der Moorboden besonders unberechenbar, weil die Torfdecke einreißen kann und du dann einbrichst. Man kann nicht komplett im Moor versinken, aber so weit einsacken, dass man sich selber nicht mehr befreien kann.

DESWEGEN IST DAS FESTSTECKEN IM MOOR SO GEFÄHRLICH

1. Die Eigenschaften des Moorbodens

Wenn tonhaltige Erde auf ausreichend Wasser trifft, entsteht ein zäher, breiiger Schlamm. Dort, wo sich diese meterdicken Schlammschichten gebildet haben, ist das Vorankommen unmöglich. Deine Füße und deine Hände finden keinen Halt mehr. Wenn du mit der Hand in diesen Schlamm greifst, fühlt sich das an, als würdest du in Pudding fassen.

2. Panikartige Bewegungen

Sinkt man ins Moor ein, neigt man dazu, hektische Bewegungen zu machen. Man tritt mit den Füßen und rudert mit den Armen, um sich zu befreien. Doch das Gegenteil passiert. Durch diese Bewegungen gräbt man sich immer tiefer in das Moor ein. Es fühlt sich an, als würde man einbetoniert werden. Je mehr man rudert, desto tiefer sinkt man ab.

Im Schlamm wirken verschiedene Kräfte. Die nasse Kleidung bewirkt, dass sich die Schwerkraft verstärkt. Man sinkt ein. Dagegen wirkt ein minimaler Auftrieb, da der Moorboden eine höhere Dichte hat als der menschliche Körper. Das Hauptproblem ist aber die Absorptionskraft. Hierbei saugen sich wasserdurchtränkte Tonteilchen am Körper fest. So entsteht eine Sogwirkung.

3. Körperliche Erschöpfung

Das größte Problem ist die körperliche Erschöpfung. Durch die niedrige Temperatur des Schlamms verliert der Körper große Mengen Energie. Selbst im Sommer ist der Schlamm sehr kalt. Er hat eine durchschnittliche Temperatur von 8 Grad Celsius.

Wenn man in das Moor gerät, sinkt man zwar nicht komplett ein, aber die Körpertemperatur kühlt innerhalb weniger Minuten von 37 Grad auf 34 Grad ab. Die Folge ist Desorientierung. Das heißt, man verliert das Gefühl für den Raum und für die Zeit. Man kann nicht mehr klar denken. Sinkt die Körpertemperatur auf 30 Grad ab, wird man bewusstlos. Nach 30 bis 45 Minuten droht der Herzstillstand und damit der Tod. Das ist wahrscheinlich auch das Schicksal einiger Menschen gewesen, die man als Moorleichen gefunden hat.

Gibt es trotzdem eine Möglichkeit, sich selbst zu befreien?

Wenn du doch einmal vom Weg abkommst und einsinkst, solltest du dich auf den Rücken legen. So vergrößerst du die Auflagefläche. Bleibst du stehen, sinkst du wie ein Stein immer weiter in den Tonschlamm ein.

Wenn du dann auf dem Rücken liegst, solltest du versuchen, ein Bein nach dem anderen aus dem Schlamm zu ziehen. Ist dir das gelungen, solltest du dich vorsichtig umdrehen und auf allen Vieren zum festen Rand kriechen.

Am sichersten ist es, wenn du im Moor immer auf den befestigten Wegen bleibst. Dann kann eigentlich nichts passieren. Und bitte nicht allein ins Moor gehen! So könnte notfalls jemand helfen, falls etwas passiert.

Molberger Dose

23. Wer hat Angst vor dem Moor?

Molberger Dose

Viele Menschen finden das Moor gruselig. Aber warum? Das Moor ist ja eigentlich kein Ort, vor dem man sich fürchten muss.

GRUSELFAKTOR MOOR

Moore sind feuchte und kühle Lebensräume. Hier zieht oft Nebel auf. Er erscheint innerhalb von wenigen Sekunden wie aus dem Nichts. Da kann man schnell die Orientierung verlieren. Manchmal spielt die Fantasie einem einen Streich. Man glaubt, ein großes Tier oder eine andere Person zu erkennen. Kommt man näher, entpuppt sich diese Gestalt als Baumstumpf oder Strauch. Da kann man sich leicht vorstellen, wie es zu den unheimlichen Geschichten kommt.

Moore sind unwegsames Gelände. Man kann sich auf dem weichen und schlammigen Untergrund nur schwer fortbewegen. Der schwankende Moorboden ist beunruhigend. Früher gab es sehr viele Moore und kaum befestigte Wege, die durch sie hindurchführten. Damals kam es auch zu Unfällen, wenn Menschen unvorsichtig waren. Oftmals kamen sie dabei ums Leben. Manchmal wurden Menschen auch bestraft, indem man sie allein ins neblige Moor schickte. Auch Menschenopfer sind uns bekannt. Wenn die Menschen früher auf eine kaum verweste Moorleiche stießen, konnten sie sich nicht erklären, warum sie noch so gut aussah. Das machte den Menschen große Angst. Wir wissen heute, dass das Moor selbst dafür verantwortlich ist, dass die Moorleichen so gut erhalten sind. Da uns die Moorleichen viel Wissen über die damalige Zeit vermitteln, finden viele Menschen sie heute eher spannend und faszinierend.

IRRLICHTER

Immer wieder haben die Menschen früher von Irrlichtern erzählt: von kleinen, blauen Flammen, die die Menschen wohl ins Moor locken wollten. Angeblich sollten das die Seelen von Toten sein. Lange Zeit hielt man die Irrlichter für Aberglauben – aber zu Unrecht. Mittlerweile weiß man, dass es bestimmte Moorgase gibt, die sich selbst entzünden können.

Diese Irrlichter sind bis jetzt nur wenig erforscht. Sie kommen nur in Moorgebieten vor, die kaum entwässert sind, und tauchen plötzlich auf, um nach kurzer Zeit wieder zu verschwinden. Das erschwert natürlich ihre Erforschung.

Durch den Sauerstoffmangel im Moor werden die Pflanzenreste nur unvollständig abgebaut. Dabei entstehen Faulgase, die manchmal sehr unangenehm riechen.

Bei den Gasen handelt es sich hauptsächlich um Methan. Aber auch Wasserstoff, Schwefelwasserstoff und Phosphorwasserstoff können entstehen. Diese brennbaren Gase reichern sich im Moorboden an. Sie stehen unter Druck und entweichen von Zeit zu Zeit schlagartig. Kommt dabei Phosphorwasserstoff mit Sauerstoff in Kontakt, entzündet sich das Gas von selbst. In der Nacht kann man dann ein blaues Licht sehen, das sich langsam bewegt. In den letzten 60 Jahren hat es kaum noch Berichte von solchen Irrlichtern gegeben. Das hängt wahrscheinlich mit den überwiegend zerstörten, entwässerten Mooren zusammen.

Extraportion Wissen für Profis: Das ist ja irre!

In Norddeutschland nennt man Irrlichter auch Irrwische, gleumige Keerls und Spauklechter.

24. Moore sind kostbar wie Diamanten

Renaturiertes Hochmoor

Jahrhundertelang war für die Menschen das Moor „Unland“: ein nasses Stück Land, das man nicht nutzen konnte. Wie du bereits gelernt hast, war das einzig Nützliche der Torf, den man abbauen konnte. Als die Bevölkerung stark anwuchs, versuchten die Menschen, das Moor zu entwässern. Unter schwersten Bedingungen wollten sie daraus Weide- und Ackerland machen.

Heute gibt es viele Initiativen, die Moore wieder zu vernässen. So nennt man es, wenn man alle Kanäle und Gräben verschließt und dem ehemaligen Moor das Wasser wieder zuführt. Doch warum machen die Menschen nun alles wieder rückgängig? War die Kultivierung des Moores denn keine gute Idee?

Als man versuchte, das Moor zu kultivieren, hat man sich über den Naturschutz noch keine Gedanken gemacht. Auch von Moorschutz hatte noch

niemand etwas gehört. In Deutschland wurden 95 Prozent dieser Gebiete zerstört.
In den letzten Jahrzehnten wurde das Moor immer besser erforscht. Man hat erkannt, dass es ein großer Fehler war, es zu zerstören. Die Moore sind kein Unland. Ganz im Gegenteil! Sie spielen eine außerordentlich wichtige Rolle für eine intakte Natur.

DAS MOOR ALS PARADIES FÜR SELTENE ARTEN

Im Moor leben viele Tiere und Pflanzen, die es nur dort gibt. Weil die Moore sehr nährstoffarm und sauer sind, haben sich die Tiere und Pflanzen an diesen Lebensraum angepasst. Torfmoose, Sonnentau und Moorfrösche könnten woanders gar nicht leben. Würden die Moore verschwinden, würden auch die Tiere und Pflanzen, die dort leben, aussterben.
Außerdem sind die Hochmoore für zahlreiche Vögel wichtig. Viele Vögel, die am Boden brüten, nisten im Hochmoor. Hier finden sie zahlreiche Plätze, an denen sie ungestört ihre Nester bauen können. Dies ist in der intensiv genutzten Landschaft sonst nirgendwo mehr möglich. Einige Vogelarten machen im Hochmoor Rast. Kraniche finden hier genug Nahrung, bevor sie in ihr Winter- oder Sommerquartier weiterziehen.

DIE MOORE SIND GIGANTISCHE WASSERSPEICHER

Moore speichern große Wassermengen. Sie bestehen zu 95 Prozent aus Wasser. Du kannst das Moor gut mit einem großen Schwamm vergleichen. Wenn es stark regnet oder wenn es eine Überflutung gibt, können die Moore in kürzester Zeit riesige Mengen Wasser aufnehmen. Ist es danach wieder trockener, geben sie es langsam an ihre Umwelt ab. So helfen Moore, die Gefahr von Überschwemmungen zu reduzieren.
Außerdem gäbe es ohne diesen Wasserspeicher gar keine Moore. Wenn man dem Moor das Wasser entzieht, um einen Acker anzulegen, wird der Wasserspiegel im Moor gesenkt. Die Folge: Der Torf zersetzt sich, und das Moor verschwindet Schicht für Schicht.

DAS MOOR ALS WASSERFILTER

Moore sind wichtig für das saubere Wasser in Bächen, Flüssen und Seen. Und auch für das Grund- und Trinkwasser sind sie sehr bedeutend. Moore sind natürliche Wasserfilter. Wenn das Wasser durch sie hindurchströmt, halten Moore Inhaltsstoffe zurück. Deswegen bezeichnet man Moore auch als Nieren der Landschaft.

Die Nieren sind die lebenswichtigen Waschmaschinen unseres Körpers. Ständig befreien sie unser Blut von Gift- und Abfallstoffen. Und genau das Gleiche machen Moore mit dem Wasser, das durch sie hindurchströmt. Auch die Pflanzen, die im Moor wachsen, nehmen die im Wasser gelösten Nähr- und Schadstoffe auf. Werden diese Pflanzen zu Torf, werden die schädlichen Stoffe im Moor eingeschlossen. Zersetzt sich der Torf, weil dem Moor das Wasser entzogen wird, gibt der Torf die Schadstoffe wieder an unsere Umwelt ab.

Aschendorfer Moor

Frag doch mal das Moor!

25.

Alle reden über Klimawandel und Klimaschutz. Angeblich soll das Moor dabei eine wichtige Rolle spielen. Dieser sumpfige, schaurige Ort soll das Klima schützen? Das kann ich mir so gar nicht vorstellen. Deswegen will ich heute das Hochmoor interviewen.

Moor, was sagst du denn dazu: Kaum haben wir ein paar richtig schöne Sommertage, reden die Politiker schon vom Klimawandel. Es ist doch toll, dass wir so ein schönes Badewetter haben, oder nicht?

Also, da bringst du ganz schön was durcheinander. Klima und Wetter sind schließlich nicht dasselbe! Klima bedeutet nicht nur das Wetter von heute und morgen. Als Klima bezeichnet man das gesamte Wetter über einen längeren Zeitraum in einem bestimmten Gebiet.
Und von einem Klimawandel spricht man, wenn sich die durchschnittliche Temperatur auf der Erde nur um wenige Grad verändert. Das geht sehr schnell, und wenn ihr Menschen nicht auf die Erde aufpasst, wird aus dem Klimawandel eine Klimakrise. Denn wie die anderen Lebewesen könnt auch ihr Menschen euch nicht schnell genug an diesen Wandel anpassen.

Und wie kommt es zu dieser Klimakrise?

Die größte Schuld an der Klimakrise haben die Menschen. Sie sind dafür verantwortlich, dass das klimaschädliche Kohlendioxid stark ansteigt.

Halt! Stopp! Kohlendioxid, was ist das denn?

Kohlendioxid ist ein Gas. Es ist geruchlos und unsichtbar. Du kannst es aber als Blubberbläschen sehen, wenn du dir ein Glas Mineralwasser oder Cola eingießt. Die Wissenschaftler nennen Kohlendioxid kurz CO_2. Dieses Gas entsteht immer dann, wenn man Kohlenstoff verbrennt. Wenn du zum Beispiel Grillkohle anzündest, verbindet sich der Kohlenstoff aus der Grillkohle mit dem Sauerstoff aus der Luft. Dieses CO_2 ist ein wichtiger Bestandteil der Atmosphäre. Die Atmosphäre ist eine 100 Kilometer dicke Lufthülle, die unsere Erde umgibt. Das CO_2 hält die Wärme in dieser Lufthülle fest und verhindert ein Entweichen ins Weltall. Du kennst doch bestimmt ein Gewächshaus, auch Treibhaus genannt. Das funktioniert so ähnlich. Die Sonnenstrahlen fallen durch die Glasscheiben ins Gewächshaus und erwärmen den Boden und die Luft. Durch das Glas bleibt die Wärme im Treibhaus eingeschlossen. Deswegen bezeichnen die Wissenschaftler das auch als Treibhauseffekt.

Lengener Moor

Ja, von dem Treibhauseffekt habe ich schon gehört. Aber wir brauchen doch diesen Treibhauseffekt. Ohne ihn wäre es auf unserer Erde so kalt, dass weder Menschen noch Tiere hier leben könnten.

Das stimmt. Das Problem ist aber, dass ihr Menschen den Treibhauseffekt verstärkt. Autos,

Flugzeuge und Fabriken produzieren viel CO_2. Sie verbrennen fossile Energieträger. Fossile Energieträger sind Kohle, Erdöl und Erdgas. In den letzten Jahrzehnten wurden sehr große Mengen dieser fossilen Energieträger verbrannt. Das liegt daran, dass auf der Erde immer mehr Menschen leben, die immer mehr Energie brauchen.

Esterweger Dose

Auch die Massentierhaltung spielt eine große Rolle – die Menschen essen sehr viel Fleisch. Kühe pupsen zum Beispiel Methan in die Luft. Methan ist ebenfalls umweltschädlich, da es auch den Treibhauseffekt bewirkt.

Und welche Folgen hat das nun? Ist es denn nicht toll, wenn es immer schön kuschelig warm ist?

Das denkst du! Wenn die Temperatur der Erde nur um vier Grad Celsius ansteigen würde, hätte das schon schlimme Folgen. So würden die Gletscher am Nord- und am Südpol immer mehr schmelzen. Das Wasser flösse dann in die Meere und ließe den Meeresspiegel ansteigen. Städte, die direkt an den Küsten liegen, würden überschwemmt. Flüsse träten über die Ufer. So müsste ganz Hamburg umgesiedelt werden, oder man müsste einen riesigen Damm um die Stadt bauen.

Wenn die Temperatur anstiege, gäbe es häufiger Wirbelstürme. Auch heftige Unwetter und Hitzewellen nähmen zu. Einige Gebiete in Afrika könnten nicht mehr von Menschen bewohnt werden. Dort wäre es viel zu heiß. Wüsten breiteten sich weiter aus. Wenn es heißer werden würde, wären viele Tiere bedroht. Eisbären der Arktis könnten ihre Jagdreviere nicht mehr erreichen. Sie drängen dann in Siedlungen ein und wären eine Gefahr für die Menschen. Es gibt Korallen, die schon sterben, wenn das Wasser nur zwei Grad wärmer wird.

Das klingt wirklich nicht gut. Aber was hast du als Moor nun mit der Klimakrise zu tun?

Eine ganze Menge! Die Pflanzen, die hier auf mir wachsen, nehmen nämlich Kohlendioxid aus der Luft auf. Sie wandeln das schädliche CO_2 in Pflanzenmasse und Sauerstoff um. Wenn die Pflanzen absterben und zu Torf werden, bleibt der Kohlenstoff in mir gespeichert. So haben sich in uns Mooren große Kohlenstofflager gebildet. Man bezeichnet uns deshalb auch als „Kohlendioxid-Senken".
Was viele nicht wissen: Wir Moore machen drei Prozent der gesamten Landfläche der Erde aus. Wälder dagegen 30 Prozent.

Hochmoor Stedenitz

Aber: Die drei Prozent Moorflächen speichern doppelt so viel Kohlenstoff wie alle Wälder zusammen. Wir Moore spielen also eine sehr große Rolle im Klimaschutz und im Kampf gegen CO_2.

So viel CO_2 speichert ihr? Das hätte ich wirklich nicht gedacht. Das ist echt toll! Aber wo liegt nun das Problem?

Es gibt kaum noch Flächen, wo wir Moore noch leben können. Man gräbt uns buchstäblich
das Wasser ab, um uns oder umliegende Flächen für andere Zwecke zu nutzen. Dabei können nur Moore, die noch intakt sind, den Kohlenstoff in der Torfschicht speichern. Wird aber ein Moor entwässert, sinkt der Wasserspiegel. Dann gelangt Sauerstoff in die Torfschicht und der Torf beginnt, sich zu zersetzen. Dabei gibt er den gespeicherten Kohlenstoff als CO_2 an die Umwelt ab. Da der Torf sehr viel Kohlenstoff gespeichert hat, gibt er auch sehr viel CO_2 ab. Die entwässerten Moore geben zum Beispiel deutlich mehr CO_2 ab als alle Flugzeuge, die in Deutschland starten oder landen.

Nachdenklich mache ich mich auf den Weg nach Hause. Eigentlich ist es hier gar nicht so gruselig, wie ich es mir vorgestellt habe. Weiße Büschel tanzen im Wind, und eine blaue Libelle schwebt wie ein kleiner Hubschrauber vor mir auf dem Weg. In der Ferne ruft ein Kuckuck.
Das hat mir das Moor auf jeden Fall klargemacht: Wenn wir etwas für den Klimaschutz tun und den Klimawandel verlangsamen wollen, müssen wir uns ganz dringend um unsere Moore kümmern und sie retten! Machst du mit?

26. Wie kann man die Moore retten?

Esterweger Dose

TORFABBAU STOPPEN

Am wichtigsten wäre es, den Torfabbau sofort zu stoppen. Aber das geht nicht so einfach. Im Gartenbau wird Torf für die Anzucht von Blumen und Gemüsepflanzen gebraucht. Dort werden die Samen in kleine Torfquelltöpfe ausgesät. Torf hat den Vorteil, dass er Wasser gut binden kann und in ihm überhaupt keine Nährstoffe enthalten sind. Zu viele Nährstoffe vertragen die kleinen Baby-Pflanzen nämlich nicht. Es ist einfacher, ein wenig Dünger hinzuzufügen als Nährstoffe aus dem Pflanzsubstrat zu holen. Wenn man Dünger hinzugibt, kann man viel genauer dosieren.
Mit Hochdruck wird nach einem Ersatz für Torferde gesucht, und es gibt auch bereits Alternativen. Kokosfasern zum Beispiel haben gute Eigenschaften. Sie sind wegen des langen Transportweges zwar auch nicht besonders klimaschonend, aber sie entstehen ohnehin als Abfallprodukte und sind sehr gut für die Pflanzen.

MOORE WIEDER VERNÄSSEN

Wie du bereits weißt, hat man mittlerweile begonnen, Moore wieder zu vernässen. Das heißt, Kanäle und Gräben werden verschlossen, damit kein Wasser mehr abfließen kann. Außerdem versucht man, den Wasserspiegel wieder anzuheben, indem das Wasser angestaut wird. Bis ein Moor wieder richtig nass ist, dauert es aber viele Jahre.

Aschendorfer Moor

Auch muss man dafür sorgen, dass die richtigen Pflanzen im Moor wachsen. Sehr schnell machen sich kleine Sträucher und Birken breit. Birken haben dort aber eigentlich nichts verloren, weil sie dem Moor sehr viel Wasser entziehen. Jede Birke braucht am Tag eine Badewanne voll Wasser. Auch nehmen Bäume und Sträucher den kleineren Pflanzen das Licht weg. Dann kann zum Beispiel der Sonnentau dort nicht wachsen.
Solche Sträucher und Bäume nennt man Kussel. Es gibt zwei verschiedene Möglichkeiten, die Moore zu entkusseln. Man kann die Pflanzen von Hand entfernen oder tierische Helfer einsetzen. Alte Schafrassen wie das Bentheimer Landschaf oder die Heidschnucken halten die Pflanzen kurz.

ALTERNATIVEN FÜR DIE LANDWIRTSCHAFT

Wenn man die Moore wieder vernässt, hat das einen entscheidenden Nachteil: Es geht Land verloren. Dieses Land wurde vorher von der Landwirtschaft genutzt. Wenn die Landwirte es nun nicht mehr nutzen können, fehlt ihnen das Geld, das sie damit verdient haben.
Seit einigen Jahren wird nun geforscht, ob man auch die vernässten Moore nutzen kann. So baut man dort Schilf an, das man für Reetdächer verwenden kann. Auf einigen Feldern werden auch Torfmoose angebaut. Die Moose können nach ein paar Jahren geerntet werden. Sie werden dann geschreddert und wie Torf als Pflanzsubstrat verwendet.

Diese Art, wieder vernässtes Moor zu nutzen, nennt man Paludikultur. „Palus“ ist lateinisch und heißt Sumpf oder Morast.
Die Forschung muss aber noch viel tun und komplett umdenken. So sind auch ganz neue Maschinen zu entwickeln. Ein normaler Traktor zum Beispiel würde einfach im Moor einsinken.

Wie kannst du Moorschützer werden?

Wenn deine Familie das nächste Mal Blumenerde kauft, achte darauf, dass es torffreie Blumenerde ist. Die ist genauso gut für die Pflanzen. Aber Achtung! Auch in torfreduzierter oder torfarmer Blumenerde ist noch jede Menge Torf enthalten. Und auch in Bio-Erden kann sich Torf befinden.

Extraportion Wissen für Profis: Torf steckt in jeder Pflanze

Hast du gewusst, dass täglich für dich Torf verbraucht wird? Fast jedes Gemüse, das du im Supermarkt oder auf dem Wochenmarkt kaufen kannst, wurde auf Torf gezüchtet. Das kann man umgehen, indem man selbst Gemüse im eigenen torffreien Gemüsegarten anbaut.

Aber kann man nicht noch mehr tun, um das Moor zu schützen? Wir haben Janna Gerkens vom Emsland Moormuseum gefragt und sie hat uns diese Tipps gegeben:

- Wissen zu Mooren verbreiten: Sprich mit anderen über deine Erfahrungen mit Mooren und Moorschutz, am besten ihr macht gemeinsame Erfahrungen, unternehmt zum Beispiel eine gemeinsame Moorwanderung oder schaut euch gemeinsam mit Popcorn den Film „Magie der Moore“ von Jan Haft an.
- Moore erleben: Moore waren in einigen Bundesländern früher sehr weit verbreitet, heute sind nur noch wenige Relikte zu sehen. Inzwischen gibt es wieder vielerorts Möglichkeiten Moore zu erleben. Geführte Wanderungen, Exkursionen, Infozentren, Museen, Erlebnis-Pfade, Feldbahnfahrten und mehr. Was gibt es in eurer Region? Was könnt ihr beim nächsten Ausflug oder im nächsten Urlaub im Moor unternehmen?
- Moore wieder vernässen: Moore sind in Deutschland stark gefährdet. Die Flächen wurden für Landwirtschaft, Forstwirtschaft, Ausbau der Infrastruktur und Heizzwecke trockengelegt. Dafür wurden die Moore mit Gräben versehen. Auch nach der Nutzungsaufgabe in vielen Hochmooren, bleiben die Gräben bestehen und entwässern die Moore Deutschlands. Durch den Klimawandel wird dieser Teufelskreis aus Austrocknung noch verstärkt. Nur intakte, nasse Moore tragen zum Klimaschutz bei. Über beispielsweise das Bergwaldprojekt habt ihr die Möglichkeit, aktiv bei Wiedervernässungsprojekten mit anzupacken. Ihr verbringt gemeinsam eine Woche in der Natur und setzt euch für die Moore ein.
- Moore entkusseln: Mit anpacken könnt ihr beispielsweise auch in Naturschutzgruppen vor Ort. NABU, BUND und viele kleine regionale Gruppen und Vereine setzen sich ebenfalls für den Moorschutz ein. Dabei ist tatkräftige Unterstützung bei Info-

veranstaltungen genauso willkommen wie aktives Zupacken bei Entkusselungsaktionen in Moorflächen. Entkusseln nennt man das Entfernen von Baumaufwuchs in Mooren.

- Als Ranger für Moore aktiv werden: Ihr kommt aus einer (ehemals) moorreichen Region und Nationalen Naturlandschaft? Also einem Nationalpark, Biosphärenreservat, Naturpark oder Wildnisentwicklungsgebiet? Dann gibt es bei euch vielleicht Junior Ranger. Junior Ranger setzten sich, genau wie erwachsene Ranger, für den Schutz der Natur ein. Naturkundliche Beobachtungen, Landschaftspflege, das Teilen von Wissen und Erfahrungen und nicht zuletzt der praktische Naturschutz gehören zu ihren vielfältigen Aufgaben. Ob es bei euch in der Nähe eine Gruppe gibt, könnt ihr hier nachschauen: www.junior-ranger.de. Es gibt auch die Möglichkeit, Junior Ranger als AG in der Schule einzurichten. Schlagt das doch mal euren Lehrkräften vor.
- CO_2-Emissionen ausgleichen: Ihr fliegt in den Urlaub? Dies ist zwar schädlich für das Klima, aber auch verständlich, denn unsere Erde hat noch viele schöne Flecken zum Entdecken. Die Emissionen, die bei eurem Flug entstehen, kann man kompensieren, das heißt, man bezahlt für Naturschutzprojekte als Ausgleich für das klimaschädliche Fliegen. Speziell für Moorschutzprojekte kann man dies beispielsweise über „MoorFutures". So konnten bereits einige tolle Wiedervernässungsprojekte umgesetzt und ein Beitrag zum Klimaschutz geleistet werden.
- Torffrei gärtnern und einkaufen: Moorschutz fängt beim Einkauf an. Viele Lebensmittel aus dem Bereich Obst und Gemüse kommen aus dem industriellen Gartenbau. Für die Anzucht von Nutzpflanzen, Blumensträußen bis hin zu Weihnachtssternen wird Torf genutzt. Ein eigener Garten kann viele dieser Produkte torffrei, ohne weite Transportwege und wassersparend liefern. Außerdem schmeckt die eigene Ernte viel besser. Probiert es aus.

Museen

Moormuseum Moordorf e.V.
Victorburer Moor 7a – 26624 Südbrookmerland
www.moormuseum-moordorf.de

Torf- und Siedlungsmuseum
Resedaweg 18 – 26639 Wiesmoor
www.torf-und-siedlungsmuseum.de

Emsland Moormuseum
Geestmoor 6 – 49744 Geeste-Gr. Hesepe
www.moormuseum.de

Fehn- und Schiffahrtsmuseum Westrhauderfehn
Rajen 5 – 26817 Rhauderfehn
www.fehn-schiffahrtsmuseum.de

Moor- und Fehnmuseum Elisabethfehn
Oldenburger Str. 1 – 26676 Elisabethfehn
www.fehnmuseum.de/en/start

Papenbörger Hus e.V./ Van-Velen-Anlage
Splitting rechts 56 – 26871 Papenburg
www.von-velen-anlage.de

Landesmuseum Natur und Mensch Oldenburg
Damm 38–46 – 26135 Oldenburg
www.naturundmensch.de

- Abenteuerferien zwischen Nordsee und Cloppenburg
- Kinder-Umweltkrimi rund um das wichtige Thema Moore
- Familienreiseführer und optimale Schullektüre in einem

Eigentlich hat Nikolas überhaupt keine Lust auf Urlaub. Er möchte sich lieber intensiv um seinen Beitrag für den Forscherwettbewerb zum Thema „Klimaschatz" kümmern. Wenn er doch nur wüsste, was ein Klimaschatz überhaupt ist?

Dass ihm ein solcher im Oldenburger Land genau zu Füßen liegt, ahnt er noch nicht: Die Moore der Region speichern enorme Mengen an Kohlendioxid und sind Heimat vieler seltener Tiere und Pflanzen. Viele tolle Museen und Ausflugsziele erzählen von diesen Schätzen und bieten auch sonst allerhand Zeitvertreib.

Richtig spannend wird es, als Nikolas und seine Schwester Lilly zusammen mit Jonte, der seine Großeltern auf dem Ferienhof besucht, das Kayhauser Moor erkunden. Dummerweise vergisst Nikolas dabei seinen Rucksack. So radeln die Kinder abends noch einmal zum Torfspit. Dabei beobachten sie zwei Männer mit einem Pritschenwagen. Versenken sie etwas im Moor?

Die drei Jungdetektive sind sich sicher, dass hier etwas nicht mit rechten Dingen zugeht, und schwören, diesen Fall zu lösen. Doch das Moor ist ein gefährlicher Ort ...

**Birgit Hedemann/
Claudia Gabriele Meinicke**

Abenteuer im Oldenburger Land

Lilly und Nikolas auf der Suche nach dem Klimaschatz

Hardcover, A5, 128 Seiten, fadengeheftet, zahlreiche farbige Illustrationen, Leseband, klimaneutral gedruckt, 7 bis 12 Jahre, 15,95 Euro,
ISBN: 978-3-95916-067-4

Region

Oldenburg · Varel/Dangast · Jade · Elisabethfehn · Bad Zwischenahn · Westerstede · Hude · Cloppenburg

Mama kaufte im Hofladen für das Abendbrot ein: Joghurt, Quark und Schafskäse.
Dann ging es weiter. Als sie am Ende der Tour angekommen waren, drehten sie die Draisine um und radelten zurück. Nun durften Mama und Papa alles geben, und Lilly und Nikolas ruhten sich aus.

Abends spielten sie mit Jonte Tischtennis. Wenn die Eltern außerhalb der Hörweite waren, besprachen sie, wie sie in der Geheimsache weiter vorgehen wollten.
„Wir müssen jeden Tag auf dem Feldweg nachsehen, ob der Pritschenwagen wieder da war!", bestimmte Jonte. „Gleich morgen früh!"
„Ich bin so aufgeregt! Hoffentlich kann ich heute Nacht überhaupt schlafen!", meinte Lilly.

BOHLENWEG UND KLAPPERSTÖRCHE

Gleich nach dem Frühstück flitzten Lilly und Nikolas nach unten, um Jonte zu suchen. Die Eltern wollten erst gegen 10 Uhr zum nächsten Ausflug aufbrechen. Deswegen blieb ihnen noch genug Zeit, um beim Torfspitt
nach neuen Reifenspuren Ausschau zu halter
dass sie eine kurze Radtour mit Jonte macher
Doch so sehr die Geschwister auch suchte
entdecken. Das sah ihm so gar nicht ähnlich.
ungeduldig. Doch dann kam Rosel aus dem H
„Moin, ihr beiden! Na, was macht ihr schon s
„Moin!", riefen beide wie aus einem Mund.
„Wir suchen Jonte", entgegnete Nikolas.
„Da könnt ihr lange suchen. Jonte wurde sch
Der hat heute einen Zahnarzttermin. Vor he
zurück sein."
„Oh, das ist aber schade!", antwortete Lilly. Di
einen Blick, verabschiedeten sich von Rosel ur
„Was machen wir nun?" Fragend blickte Lilly
„Wir fahren einfach alleine", schlug Nikolas v
„Aber ...!"
„Kein Aber! Wir haben Mama und Papa g
machen. Dass Jonte nicht mit war, müssen w
den Weg kennen wir doch!"

57

Herbert hatte wieder ein Feuer im Feuerkorb entzündet, und die Kinder rösteten Marshmallows.
„Was war denn drin?", fragte Papa und zeigte auf das Kästchen. Er setzte sich zu den Kindern.
„Nur so blöde Fotos", antwortete Lilly und reichte ihm die Kiste.
Papa nahm den Stapel heraus und sah sich die Bilder an. „Das sind ja alles Schwarz-Weiß-Fotos", stellte er fest. „Die müssen schon ganz schön alt sein. Solch einen weißen Zackenrand gibt es schon lange nicht mehr. Ein paar Gebäude erkenne ich aber wieder!"
Nun beugten sich auch die drei Kinder über die Fotos.
„Das ist der *Lappan* in Oldenburg", rief Nikolas.
Jonte tippte mit dem Zeigefinger auf ein weiteres Foto. „Das ist die Mühle im *Freilichtmuseum* in Bad Zwischenahn. Und dies ist die *St.-Johannes-Kirche*!" Er zeigte auf ein weiteres Foto. „Aber wieso ist da ein Foto von einer Tankstelle dabei?"
Herbert kam hinzu und sah sich die Fotos ebenfalls an. „Dat gifft dat doch nich!" Er nahm das Foto von der Tankstelle, und ein Strahlen ging über sein Gesicht.
„Was gibt es nicht?", fragte Jonte und stellte sich auf die Zehenspitzen, um einen Blick auf das Bild werfen zu können.
„Das ist die alte Tankstelle von Fiet Janßen", erklärte Opa. „Die gibt es schon lange nicht mehr. Ich glaube, da steht jetzt ein Supermarkt. Das war die erste Tankstelle in Bad Zwischenahn. Da habe ich als junger Bursche immer mein Motorrad vollgetankt. Die Tankstelle war damals ganz modern. Es war eine Gasolin-Tankstelle. Das ganze Gebäude war von außen orange gefliest."

Jonte buffte Nikolas mehrmals in die Seite, doch der sah ihn nur mürrisch an. Dann fragte der Junge seinen Opa nach allen Regeln der Kunst über die Tankstelle aus. Er wollte genau wissen, wo sie einmal gestanden hatte. Lilly und Nikolas verstanden nicht, warum Jonte so ein Interesse an der langweiligen Tankstelle hatte.

„Habt ihr es nicht gerafft?", fragte Jonte aufgeregt. Die Kinder hatten sich an den Teich zurückgezogen. „Gasolin und orangefarbene Fliesen. Klingelt es bei euch immer noch nicht?"
„Du meinst..." Lilly hielt den Atem an und blickte auf das Foto in ihrer Hand.
„Genau!", rief der Junge. „Die Fliesen, die wir gefunden haben, gehören zu dieser Tankstelle!" Jonte eilte los und holte einen großen Pappkarton, in dem er alle Spuren zu dem Fall aufbewahrte. Die Kinder puzzelten noch einmal die Fliesenstücke zusammen und verglichen sie dann mit dem Foto.
Nikolas pfiff durch die Zähne. „Du hast tatsächlich recht!"
„Aber dein Opa hat doch gesagt, dass es diese Tankstelle schon lange nicht mehr gibt", warf Lilly ein. „Wie kommen denn jetzt noch Fliesen von der ins Moor?"
„Das kriegen wir morgen raus! Wir fahren da hin und sehen uns vor Ort um!", bestimmte Jonte.

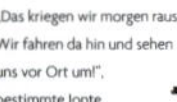

Außerdem bei Biber & Butzemann

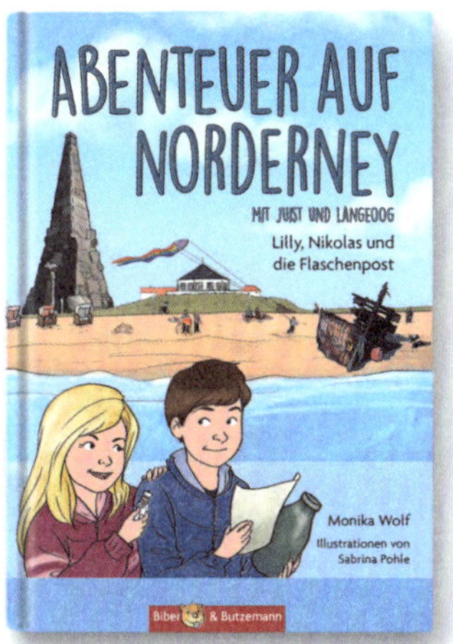

ABENTEUER AN DER MÜRITZ
BETRETEN VERBOTEN
Lilly, Nikolas und die verbotene Insel
Kerstin Groeper
MÜRITZ
Biber & Butzemann

Steffi Bieber-Geske
SCHATZSUCHE IN BERLIN UND BRANDENBURG
Illustrationen von Sabrina Pohle
LILLY, NIKOLAS UND DAS GEHEIMNIS DES WELTREISENDEN
Biber & Butzemann

ABENTEUER IM SPREEWALD
Steffi Bieber-Geske / Nicole Grom
LILLY, NIKOLAS UND DAS GEHEIMNISVOLLE TAGEBUCH
Mit Illustrationen von Claudia Meinicke
Biber & Butzemann

ABENTEUER RUND UM DRESDEN UND DAS ELBSANDSTEINGEBIRGE
Lilly, Nikolas und die Schätze der Könige
Juliane Jacobsen
Mit Illustrationen von Sabrina Pohle
Biber & Butzemann

ABENTEUER IM ERZGEBIRGE
Lilly und Nikolas im Weihnachtsland
Elisabeth Schieferdecker und Steffi Bieber-Geske
Mit Illustrationen von Sabrina Pohle
Biber & Butzemann

SCHATZSUCHE IN LEIPZIG
Lilly und Nikolas auf der Suche nach dem singenden Saphir
Mareike Seehaus
Sabrina Pohle
Biber & Butzemann

SCHATZSUCHE ZWISCHEN SAALE UND UNSTRUT
Mit Illustrationen von Sabrina Pohle
Jörg F. Nowack
Biber & Butzemann

Steffi Bieber-Geske | Sabrina Pohle
Zauberhafte Ferien im Harz
Lilly, Nikolas und die Hexen
Biber & Butzemann

Daniela Gappa
BIBER PAUL auf Reisen
Harz
Ein Reiseführer für Kinder
Biber & Butzemann

ABENTEUER zwischen
KYFFHÄUSER und WESTHARZ
Lilly und Nikolas auf den Spuren der ersten deutschen Herrscher
Jörg F. Nowack
Mit Illustrationen von Sabrina Pohle
Biber & Butzemann

Das kleine Gespenst
Vincent entdeckt Thüringen
Anja Tettenborn
Mit Illustrationen von Wiebke Wilhelm
Biber & Butzemann

Anja Tettenborn
Das kleine Gespenst
Vincent entdeckt die Rhön
Mit Illustrationen von Bibi Hecher
Biber & Butzemann

Elisabeth Schieferdecker | Sabrina Pohle
Magische Ferien in Thüringen
Lilly, Nikolas und der Zauberer Felix Urlaubius
Biber & Butzemann

Sandra Lehmann
Matti und Max
Abenteuer auf Kreta
Biber & Butzemann

Sandra Lehmann
Matti und Max
Abenteuer in New York
Biber & Butzemann

Sandra Lehmann
Matti und Max
Abenteuer in Berlin
Biber & Butzemann

Sandra Lehmann
Matti und Max
Abenteuer in Paris
Biber & Butzemann

Silke Böttcher
Das Erbe des Alchemisten
Abenteuer auf der Pfaueninsel
Illustrationen Rebecca Mönch
Biber & Butzemann

Steffi Bieber-Geske | Stephan Pohl
Abenteuer auf Rügen
Lilly, Nikolas und die Piraten
Biber & Butzemann

NEUE ABENTEUER AUF RÜGEN
LILLY, NIKOLAS UND DAS KRANICHEI
Steffi Bieber-Geske
Biber & Butzemann

SAGENHAFTE FERIEN AUF
USEDOM
LILLY, NIKOLAS UND DAS GEHEIMNIS DER VERSUNKENEN STADT
Steffi Bieber-Geske / Kerstin Groeper
Illustrationen von Sabrina Pohle
Biber & Butzemann

Steffi Bieber-Geske | Sabrina Pohle
Abenteuer an der Mecklenburgischen Ostsee
Lilly, Nikolas und das Geheimnis des Buddelschiffs
Biber & Butzemann

Steffi Bieber-Geske / Kerstin Groeper
ABENTEUER AUF FISCHLAND-DARß-ZINGST
LILLY, NIKOLAS UND DIE SEENOTRETTER
Biber & Butzemann

Daniela Gappa
BIBER PAUL
auf Reisen
Rostock-Warnemünde

André F. Nebe
BAND 1
Spuk auf der Ostsee
Illustrationen Sabrina Pohle
Biber & Butzemann

André F. Nebe
Der Fluch des schwarzen Korsaren
BAND 2
Illustrationen Sabrina Pohle
Biber & Butzemann

André F. Nebe
BAND 3
Das geheime Schiff
Illustrationen Sabrina Pohle
Biber & Butzemann

ABENTEUER ZWISCHEN NORDEIFEL UND AACHEN
Lilly und Nikolas auf der Suche nach dem schwarzen Gold
Miriam Schaps
Illustrationen von Sabrina Pohle
Biber & Butzemann

Miriam Schaps
ABENTEUER IM RUHRGEBIET
LILLY, NIKOLAS UND DAS BERGMANNS-TAGEBUCH
Mit Illustrationen von Sabrina Pohle
Biber & Butzemann

ABENTEUER AM TEUTOBURGER WALD
LILLY UND NIKOLAS AUF DER SUCHE NACH DEN VERFLIXTEN WÖRTERN
Miriam Schaps
Illustrationen von Sabrina Pohle
Biber & Butzemann

ABENTEUER IM SAARLAND
Lilly und Nikolas auf der Spur der Kelten
Steffi Bieber-Geske
Sabrina Pohle
Biber & Butzemann

MÄUSEJAGD IN DER PFALZ
LILLY, NIKOLAS UND DIE VERSCHWUNDENEN BRONZENAGER
Carola Jürchott
Mit Illustrationen von Sabrina Pohle
Biber & Butzemann

Andrea Nesseldreher
Mit Illustrationen von Sabrina Pohle
DIE KRONE DER LORELEY
LILLY UND NIKOLAS IM MITTELRHEINTAL
Biber & Butzemann

Andrea Nesseldreher
Mit Illustrationen von Corinna Jegelka
FILMREIFE FERIEN AN DER LAHN
LILLY UND NIKOLAS IN MITTELHESSEN
Biber & Butzemann

Marsha Kömpel
ABENTEUER ZWISCHEN TAUNUS UND WETTERAU
LILLY, NIKOLAS UND DER KRACHENBURG-SCHATZ
Illustrationen von Manja Adamson
Biber & Butzemann

ABENTEUER IN DER VULKANEIFEL
LILLY, NIKOLAS UND DAS VERSCHWUNDENE MANUSKRIPT
Miriam Schaps
Mit Illustrationen von Sabrina Pohle
Biber & Butzemann

ABENTEUER IN KÖLN UND AUF DEM DRACHENFELS
Ira Lenz
Biber & Butzemann

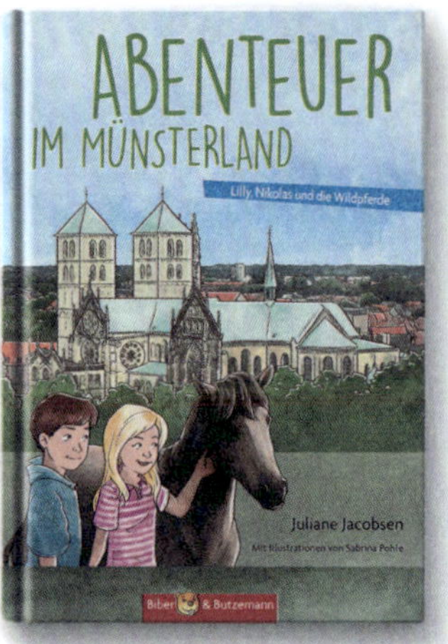
ABENTEUER IM MÜNSTERLAND
Lilly, Nikolas und die Wildpferde
Juliane Jacobsen
Mit Illustrationen von Sabrina Pohle
Biber & Butzemann

ABENTEUER IM SCHWARZWALD
Lilly, Nikolas und das Geheimnis der Zwerge
Steffi Bieber-Geske
Mit Illustrationen von Michaela Frech
Biber & Butzemann

ABENTEUER AUF DER SCHWÄBISCHEN ALB
Lilly, Nikolas und das Geheimnis der Schnupftabakdose
Ira Lenz
Mit Illustrationen von Claudia Gabriele Meinicke
Biber & Butzemann

Das Geheimnis der goldenen Schatztruhe
Alexandra Benke
Illustrationen von Sabrina Pohle
Biber & Butzemann

Alexandra Benke
Geheimnis um die Rauhnächte
Ein Jahr voller Abenteuer in Oberbayern
Biber & Butzemann

Alexandra Benke
Geheimnis um die Wildtiere
Abenteuer zwischen Tegernsee und Chiemsee
Biber & Butzemann

Alexandra Benke
Geheimnisse rund um das Märchenschloss
Ein Bauernhof-Abenteuer im Allgäu
Biber & Butzemann

Alexandra Benke
Geheimnis um den roten Kater
Mit Illustrationen von Claudia Gabriele Meinicke
Ein München-Abenteuer
Biber & Butzemann

Zahlreiche weitere Kinderbücher aus ganz Deutschland finden Sie unter www.biber-butzemann.de

Die Autorin

Schon als Kind bestritt Birgit Hedemann so manches Abenteuer, indem sie ihre Nase zwischen zwei Buchdeckel steckte. Geboren 1964, wuchs sie in der Nähe von Oldenburg auf und studierte Theologie in Berlin. Sie arbeitete in einem Kinderheim und an der Uni Oldenburg, bevor sie sich um die Erziehung ihrer drei Kinder kümmerte und endlich das tat, wovon sie schon in der Grundschule geträumt hatte: Geschichten und Abenteuer schreiben. Heute lebt sie mit ihrem Mann auf dem Land in der Nähe von Oldenburg. Wenn sie nicht gerade am Schreibtisch sitzt, ist sie in der Natur unterwegs oder liest in Schulen, Bibliotheken und auf Lesefestivals.

www.birgithedemann.de

Die Illustratorin

Rebecca Mönch, Jahrgang 1979, wuchs in der Restauratorenwerkstatt ihres Vaters zwischen Farben und mit einem Pinsel in der Hand auf. Sie studierte Kunstgeschichte, Kunstpädagogik, Archäologie und Andragogik. Als Museumspädagogin arbeitet sie hauptsächlich mit Kindern und Jugendlichen. Als freischaffende Illustratorin liebt sie es, in Geschichten einzutauchen, sie zum Leben zu erwecken und die Schönheit in den kleinsten Dingen zu entdecken. Sie lebt mit Mann, Sohn und Hund in der Nähe von Würzburg.

www.flauschkopf-studio.de

Torftr

Kanäle als Transportwege *Bilder: A. Wehner*

Mit der Kreite oder Torfkarre brachten die Torfstecher den Torf auf das Schiff. Auch der Pferdewagen diente als Torftransportmittel. Hochbeladen wurden die Torfschiffe getreidelt oder gesegelt.